BIBLIOTHÈQUE

DE L'ÉCOLE

DES HAUTES ÉTUDES

PUBLIÉE SOUS LES AUSPICES

DU MINISTÈRE DE L'INSTRUCTION PUBLIQUE

SCIENCES PHILOLOGIQUES ET HISTORIQUES

CENT-DEUXIÈME FASCICULE

PLAVTI AMPHITRVO, EDIDIT LVDOVICVS HAVET

CVM DISCIPVLIS BELLEVILLE, BIAIS, FOUREL, GOHIN, PHILIPOT, RAMAIN, REY,

ROERSCH, SEGRESTAA, TAILLIART, VITRY

21053

PARIS

LIBRAIRIE ÉMILE BOUILLON, ÉDITEUR

67, RUE DE RICHELIEU, AU PREMIER.

—

1895

PLAVTI

AMPHITRVO

CHARTRES. — IMPRIMERIE DURAND, RUE FULBERT.

PLAVTI

AMPHITRVO

EDIDIT

LVDOVICVS HAVET

CVM DISCIPVLIS

BELLEVILLE, BIAIS, FOUREL, GOHIN, PHILIPOT, RAMAIN,
REY, ROERSCH, SEGRESTAA, TAILLIART, VITRY

PARIS

LIBRAIRIE ÉMILE BOUILLON, ÉDITEUR

67, RUE DE RICHELIEU, AU PREMIER.

1895

PRAEFATIO

Ad textum Amphitruonis constituendum idonei exstant codices quattuor *BDEJ,* de quibus dicetur infra. Eorum lectiones hausimus ex editione data anno 1882 a Georgio Goetz
et Gustauo Loewe. Codicis *B* lectiones admisimus omnes,
etiam orthographicas; codicum *DEJ* orthographica plerumque
non rettulimus. De *E* fere tacuimus ubi neque cum *B* neque
cum *D* neque cum *J* conspiraret. Neque magis exscripsimus
lectiones codicis *J* singulares. Codicum spreuimus correctores
(D^2, D^3, E^2...).

Vnius correctoris, qui B^2 uocatur, testimonium est magni
pretii. Is in *B* codicis melioris nunc deperditi lectiones sedulo
enotauit. Exempli gratia uersus 755-756 cum in archetypo
codicum *BDEJ* ita in unum contracti essent « « AMPH. *Qui
nunc mulier audin illum* ALC. *eo fit quia mihi* », in margine
restituit corrector B^2 quae inter « *illum* » et « ALC. *eo* » dee-
rant « ALC. *ego uero ac falsum dice*[re] AMPH. *Neque tu illi
neque mihi uiro ipsi credis* ». Nos ergo non modo ex *B,* sed
ex B^2 omnia rettulimus, quaecumque apud Goetz et Loewe af-
feruntur.

In laudandis doctorum coniecturis ita rationem instituimus,
ut apparatui Goetzii et Loewii conficeremus quasi supple-
mentum. Itaque quidquid de Camerario, Acidalio, Pareo,
quidquid de Ritschl aut C. F. W. Mueller illi referebant, nos
silentio praetermisimus; quod contra apud eos non inuenimus
consignatum, ut Bentleii emendationes a Sonnenschein publi-
catas, ut lectiones nouas adhibitas in editionibus Friderici
Leo (1885) et Arthuri Palmer (1890), id omne studuimus in
corpusculum redigere.

Inter discipulos distributus est labor eo modo, ut uersus a
magistro designati describerentur in plagulis singuli cum suo
quisque apparatu. In rebus orthographicis ea lex imposita, ut

exceptis barbarismis lectiones archetypi restituerentur; neque enim morem comprobamus hodie doctis usitatissimum reponendi ubique *bonumst* pro *bonum est* uel *quom* pro *cum*, quasi utile esset, scripturae uetustioris genuina exempla perpauca permultis augeri uel potius obrui coniecturalibus. Periculosum id lexicographis; nam exempli gratia Georges (*Lexikon der lateinischen Wortformen* s. u. *cur*) cum formam *quor* ex tribus exemplis Plautinis afferat, in duobus habuit archetypus *cur* (*Amph.* 409, *Asin.* 591), in tertio *qur* (*Bacch.* 332). Periculosum idem ipsis quoque editoribus; velut in *Andria* Terentiana u. 44 metrum corrumpunt qui pro *Quasi exprobratio est* reponunt *Quasi exprobratiost*. Neque aliud consequuntur amici uetustatis fucatae nisi ut opus suum in textu debilitent, in apparatu onerent. — Etiam distributus est inter discipulos legendi et excerpendi labor. Nam inde ab anno 1882, quo prodierat editio Goetzii et Loewii, compluribus ex libris, libellis, chartis periodicis ditari potuit apparatus noster. Venia nobis roganda est, siquid forte praetermissum est aut a tirone male intellectum. — Coniecturae nouae aliquot admissae sunt discipulorum, magistri satis multae, partim speramus bonae, partim quae ansam dare possint ad meliores quaerendas, etiam fortasse propter quas ὁ ἀναμάρτητος πρῶτος τὸν λίθον βαλέτω.

Codices quorum lectionibus uti par erat sunt hi:

B = Romanus bibliothecae Vaticanae Palatinus 1615, olim bibliothecae Palatinae Heidelbergensis, prius penes Ioacim Kammermeister (quare dictus est *uetus Camerarii*), cui traditus est a Veit Werler. In eo leguntur: primo loco fabula *Querolus* siue *Aulularia* pseudo-Plauti; secundo loco *Amphitruo, Asinaria, Aulularia, Captiui, Curculio, Casina, Cistellaria, Epidicus* ex codice deperdito descriptae; tertio loco descriptae ex altero codice deperdito reliquae Plauti fabulae duodecim et tertiae decimae fabulae *Vidulariae* titulus. Scriptus uidetur esse saeculo X. — De correctore *B*² u. supra p. VII.

    Imago codicis *B* apud Chatelain, *Paléographie des classiques latins*, pl. II.

D = Romanus bibliothecae Vaticanae 3870, olim penes cardinalem Giordano Orsini (quare dictus est *Vrsinianus*), cui traditus est anno 1429 a Nicolao Treuirensi. In eo leguntur : primo loco *Amphitruo, Asinaria, Aulularia* et pars *Captiuorum*, deficientibus cum *Captiuorum* fine *Curculione, Casina, Cistellaria, Epidico;* secundo loco duodecim reliquae fabulae. In priore codicis D parte paginae binae aequant singulas codicis B paginas, ita ut tres primae fabulae contineantur in B 58 paginis, in D 58 foliis. Scriptus uidetur esse saeculo XI ineunte in Germania (u. infra p. 120).

Imago codicis D apud Chatelain, pl. IV (parte dextera).

E = Mediolanensis bibliothecae Ambrosianae J 237 inferioris ordinis. In eo leguntur octo Plauti fabulae priores ab *Amphitruone* ad *Epidicum*. Scriptus uidetur esse saeculo XII exeunte.

Imago codicis E apud Chatelain, pl. V.

J = Londiniensis Britannici Musei $\frac{15\ C}{XI}$. In eo leguntur ut in E octo fabulae priores. Scriptus uidetur esse saeculo XI. Igne ita laesus est is codex, ut multa aut omnino perierint aut legi nequeant.

Imago codicis J apud Chatelain, pl. IV a.

Dubitari non potest quin defluxerint codices EJ, codicis B pars ea quae post *Querolum* legitur, codicis D pars prior, ex uno et eodem archetypo nunc deperdito, in quo legebantur tantummodo fabulae priores octo. Qui codex deperditus fuit tomus prior alicuius exemplaris Plautini aetatis Carolinae in tomos duos diuisi.

Ex tomo posteriore, itidem nunc deperdito, defluxit cum codex C = Heidelbergensis Palatinus 1613, scriptus ut uidetur saeculo XI ineunte, in quo leguntur tantummodo fabulae duodecim posteriores, tum codicis B pars ultima et codicis D pars posterior.

Ex tomo priore defluxit ut uidetur codex V = Leidensis Vossianus Q. 30, scriptus saeculo XII ineunte. Is nunc mutilus est continetque

Aulullariae partem, *Captiuos, Curculionem, Casinam, Cistellariam, Epidici* initium.

Archetypus codicum *BDEJ* defluxit ex apographo codicis cuiusdam, aetatis Carolinae, in quo continebant singula folia lineas tricenas quaternas; u. disquisitionem nostram ad calcem huius editionis positam.

Ex uniuersa fabula *Amphitruone* superest ut uidetur nihil in fragmentis codicis rescripti *A* = Mediolanensis bibliothecae Ambrosianae G 82 superioris ordinis, in quo textus Plautinus scriptus est uigente adhuc in partibus Occidentis imperio Romano.

Vbicumque textus noster a textu codicum (uel grammaticorum) discrepat, adhibitae sunt *litterae inclinatae.*

Vbicumque discriptionem uersuum in codicibus traditam immutauimus, numeris in margine positis adscribitur asteriscus *.

Ad genera uersuum significanda uti noluimus accentibus acutis, quas notas improprias esse credimus. Neque magis uidentur esse utiles ; quas uix umquam respiciunt legentes, praue saepe ponunt editores. Itaque libentes eam philologorum hodiernorum luxuriam abiecimus ; neque nobis ideo uisi sumus stolidi esse, quia potius senarios per *sen.,* octonarios per *octon.,* trochaicos per *troch.* indicandos censueramus.

ADDENDA ET CORRIGENDA.

De uersibus 573 ss. u. p. 122 adn. 2; de 607 ss. p. 122 adn. 3; de 633 ss. p. 122 adn. 4; de titulo ante 654 restituendo p. 123 adn. 1; de 969 p. 124 adn. 1.

In apparatu ad 974, ubi ex *duo* restitutum est in titulo .DV. = DEVERBIVM, laudandus erat titulus a quo *Rudens* incipit ARCTVRVS DVO (id est, ARCTVRVS et .DV.).

ARGVMENTVM

seu.

    In faciem uersus Amphitr*u*onis Iuppiter,
    Dum bellum gereret cum *Tel*ebois hostibus,
    Alcmenam uxorem cepit uersurariam.
    Mercurius formam Sosiae serui gerit
I 5 Absentis : his Alcmena decipitur dolis.
    Postquam rediere ueri Amphitr*u*o et Sosia,
    Vterque deludunt*ur* in mirum modum.
    Hinc iurgium tumultus uxori et uiro,
    Donec cum tonitru uoce missa ex aethere
I 10 Adulterum se Iuppiter confessus est.

libri: B, D, (E) — ARG. *add.* — INCIPIT... POETAE *B : om. D(E)*
I 1 amphitrionis *BD* amphytrionis *(E)* — I 2 *an* Qum ? — thelobois
(-ob- *ut uult* Leo « *secundum pronuntiandi ra lionem uolgarem et fortasse Plaulinam* », *sed neque a libris scriptura* -eb- *omnino aliena*
[*u.* 418], *neque recte comparaueris* -ĕlĕb- *cum* -ōlŏm- *in* Ptolomaeus, *neque populo et ipsi poetae* Teleboae *nisi ex libris noti*) — I 3 Alcumenam *BD* Alcumennam *ut uidetur (E) cf.* I 5 — uersurariam *L.* Havet
(*uide* 498): usurariam — I 5 alcumena *cf.* I 3
  I 6 *libri: B, D, (E), J mutilus* — rediere *numero duali, ut idem
auctor sit fortasse didascaliarum* Terentianarum (*Archiv für latein.
Lexikogr. III* 558) — amphitrio — I 7 Vteqque *B¹* — deluduntur : deluduntur dolis *cf.* I 5 — I 8 iurgiem *J¹ an* iurgium *et uel* iurgia et ? —
I 10 Adulterium *D¹*

ARGVMENTVM

sen.

A more captus Alcumenas Iuppiter
M utauit sese in formam *cari* coniugis
P ro patria Amphitru̇o dum decernit cum hostibus.
H abitu Mercurius ei subseruit Sosiae :
II 5 I s aduenientis seruum ac dominum frustra habet.
T urbas uxori *uir* ciet, am*b*oque inuicem
R aptant pro moechis. Blepharo captus arbiter
V ter sit non quit Amphitru̇o decernere.
O mnem rem noscunt geminos *cum illa* enititur.

II AMPH. (*quae uox* ἀκροστιχίδος *explicatio uidetur esse, non fabulae titulus) et* ARG. om. *D(E) duobus lineis uacuis* Plauti amphitrio incipit *J* — II 1 more *c. spat. init. D —* alcumenis *J ut uidetur* — II 2 cari *L. Havet:* eius *libri* absentis *Palmer* stius Opitz De argumentorum metricorum Latinorum arte et origine, Leipziger Studien VI (1883), *p.* 274 — II 3 amphitrio — decernit *B²*: cernit — II 4 AMPHITRVO *per* PH *auctor huius argumenti pro Plautino* AMPITRVO, *ut uix ante Varronis adulescentiam scripsisse putandus sit (nam aetatis Mummianae titulus* Mummianus *non est in quo legitur* ACHAIA *per* CH) — II 6 uir *add. L. Havet* — amboque *L. Havet:* amphitrio [amphytrio (*E*) amphityrio *B*] atque *libri* Amph- ac se *Leo in apparatu cf.* 476 — II 7 mechis — II 8 *uersus confectus ex fragm. XIV* — amphitrio *BDJ* amphytrio (*E*) — II 9 cum illa: alcumena — aenititur *BD*

PROLOGVS

seu.

MERCVRIVS

Vt nos in uostris uoltis mercimoniis
Emundis uendundisque me laetum lucris
Adficere atque adiuuare in rebus omnibus,
Et ut res rationesque uestrorum omnium
Bene expedire uultis peregrique et domi
Bonoque atque amplo auctare perpetuo lucro
7 Quasque incepistis res quasque inceptabitis, —
13 Haec ut me uultis adprobare, adnitier
14 Lucrum ut perenne uobis semper subpetat,
8 Et uti bonis uos uestrosque omnis nuntiis
Me adficere uultis, *adferam ea uti* nuntia
Quae maxime in rem uostram communem sient, —
Nam uos quidem id iam scitis concessum et datum
12 Mihi esse ab dis aliis, nuntiis praesim et lucro : —
15 Ita huic facietis fabulae silentium
16 Itaque aequi et iusti hic eritis omnes arbitri.
17 — Nunc cuius iussu *accipite* et quam ob rem uenerim :
20 Pater huc me misit ad uos oratum meus,

18 Dicam simulque ipse eloquar nomen meum :
19 Iouis iussu uenio, nomen Mercuriost mihi

libri : B, D, (E), J *mutilus* — PROLOGVS *add.* — MERCVRIVS B
MERC. D *om.* (E)J¹ MERCVRIVS DEVS *Goetz et Schoell* 1893 — 1-3 *laudat
Priscianus de metris Terentii* 10 *propter metricam rationem* — 1 *laudat Nonius p.* 213 *Merc. s. u.* mercimonium — uoltis (E) (mercimoniis
uoltis *Nonii Q saeculi XV*) : uultis — 2 laetum *propter allitterationem
quae dicitur mutare fas non est; de sensu cf. Vergil. Georg. III* 320 —
4 an uti *ut* 8 ? — 5 peregreque B² peregrinaque D¹

6 *libri* : B, D, (E) — locro D¹ — 8 nunciis B — 9 adferam ea uti
nuntia *L. Havet* : ea adferam ea uti [ut B ū (E)] nuntiem (nun iem D¹)
libri in quo magis offendit repetitum ea *quam contra exspectationem
collocatum* uti — 10 uestram B — 12 alus B¹ ? — 13-14 *transp. L. Havet*
— 13 Hec B

14 *libri* : B, D, E — 16 equi BE — iusta D¹ — 17 accipite *L. Havet* :
uenio *libri ex* 19 *et* 26 — 18-19 *actori recentiori tribuit L. Havet, qui
extra Romam agens fabulam timuerit ne ciuibus Mercurius parum
notus esset* — 19 mercuri est D mercurii est BE

sen.

Tametsi pro imperio uobis quod dictum foret
Scibat facturos, quippe qui intellexerat
Vereri uos se et metuere, ita ut aequum est Iouem:
Verum profecto hoc petere me precario
25 A uobis iussit leniter dictis bonis.
Etenim ille, cuius huc iussu uenio Iuppiter
Non minus quam uostrum quiuis formidat malum :
Humana matre natus, humano patre,
Mirari non est aequom sibi si praetimet.
30 Atque ego quoque etiam, qui Iouis sum filius,
Contagione mei patris metuo malum.
Propterea pacem aduenio et ad uos affero.
33 Iustam rem et facilem esse oratam a uobis uolo :
35 Nam iniusta ab iustis impetrari non decet,
36 Iusta autem ab iniustis poscere insipientia est,
37 Quippe illi iniqui ius ignorant neque tenent.
[38]-34 Nunc iusta ab iustis iustus sum orator datus.
38 Modo iam huc animum omnes, quae loquar, aduortite.
39 Debetis uelle quae uelimus : meruimus
Et ego et pater de uobis et re puplica.
Nam quid ego memorem, ut alios in tragoediis
Vidi, Neptunum, Virtutem, Victoriam,
Martem, Bellonam, commemorare quae bona
Vobis fecissent ? Quis bene factis meus pater
45 Deorum regnator architectust omnibus,
Sed mos numquam illic fuit patri morus meo

---

23 equum — 26 hic *B¹* — *an cum allitt.* uenio huc iussu? *cf.* 64 —
29 equom *BE* aequm *D* — si sibi *D* — 30 sum: « *perhaps* sim » *Palmer*
cf. 57

31 *libri*: *B, D, E, J mutilus* — 32 pace — ad uos : pacem ad uos
libri contra allitterationem ad uos me *Palmer olim; de genere orationis*
cf. *Aul.* 270 — 34 *transp.* L. *Havet* — Nunc 38 Nam 34 *cf.* Nam 35
(nunc *de* iustis *praesentibus,* illi 37 *de* iniustis *absentibus*) — 34 iuste —
sum orator datus sum *D¹* — 36 poscere L. *Havet:* petere *libri* petere
ea *Purser apud Palmer* expetere *Palmer in apparatu* — insipiencia *B*
— 37 illi *D²*: inilli *D¹E* nulli *B* (*deest J*) *ut archetypi librarius* iniqui
scripturus fuerit — iniqui ius: iniquius *B¹* — 38 Modo L. *Havet:* Nunc
cf. 38-34 — omnes : ad ea *EJ* — que *BD* — 39 uelimus: uelimus et *B²*
— 40 puplica *D¹*: publica — 43 bellona *D*

45 *libri*: *B, D, E* — architectus — hominibus *Palmer* — 46 illic:
illi — mos numquam ille : moris illi nunquam *Bentley* ille numquam

sen.

Vt exprobraret quod bonis faceret boni.

Gratum arbitratur esse id a uobis sibi

Meritoque uobis bona se facere quae facit.

50 — Nunc quam rem oratum huc ueni primum proloquar,

Post argumentum huius eloquar tragoediae.

Quid contraxistis frontem? quia tragoediam

Dixi futuram hanc? Deus sum, commutauero.

Eandem hanc, si uultis, faciam *ut* ex tragoedia

55 Comoedia *i*sdem uorsibus sit omnibu*s*.

Vtrum fiat an non uoltis? — Sed ego stultior,

Quasi nesciam uos uelle, qui diuus siem.

Teneo quid animi uestri super hac re siet:

Faciam ut commixta *t*ragico si*t* comoedia.

60 Nam me perpetuo facere ut sit comoedia,

Reges quo ueniant et d*i*, non par arbitror.

Quid igitur? quoniam hic seruus quoque partes habet,

Faciam sit, proinde ut dixi, tragicomoedia.

mos *Dahl* (*die latein. Partikel* ut *p.* 252) mos ŋequam illi *uel* ille *et mox* patri numquam meo *Redslob* (*N. phil. Rundschau* 1892 *p.* 6) — morus *add. L. Havet duce Luchs* — *post* meo *add.* scilicet *Leo* optumo *Palmer* non bonus *Schoell* — 47 exprobaret *B* exbrobraret *D*¹ — bonis: bonus *D*¹ — 49 fecit — 50 quam ob rem *B*²

51 *cf.* 96 — huius argumentum *ille quem sequitur Naudet* — tragoedie *B* — 54 ut *add. L. Havet ex* 55 — ex: et *E om. D*¹ — 55 Commoedia (-diā *D*) *respiciente fortasse librario ad* commixta *uel ad* cummixta *correctum* 59 — isdem uorsibus sit omnibus *L. Havet:* ut (*cf.* 54) sit omnibus isdem uorsibus (uorsibus *D*¹*E* ? uersibus *BD*²) — 56 fiat *L. Havet:* fit — uoltis *E*² : uultis — *Palmer ita interpungit:* Vtrum fit an non? uoltis ? — *lineolam add. ante* sed *Niemeyer* — 59 commixta *BD*⁘ cummixta *E an ex archetypo ut* 979 cummentus ? *cf. ad* 55 — tragico (*an melius* tragica?) sit comoedia *Sonnenschein:* sit tragicocomoedia (traicocom -*E*) *libri cf.* 63. sit; sit tragicomoedia *Leo*

61 dii — per *D* pur *E*¹ — 63 tragico (traico *E*) comoedia (comedia *B*) *ex* 59? — *Placidus in Stat. Theb. IV* 147 *ex codd. Bibliothecae Nationalis Latinis* 8063 *f.* 37 *col.* 1 *et* 8064 *f.* 56 *uerso:* « *Iuppiter* (*hercules* 8064), *mutatus in Amphitrionem Alcaei et Astydameae* (*malchiua teste claue* 8063.*malchiua testi daue* 8064) *filium, Alcmenen* <*uitiasse*> (*alchmene* [*cum spatio sex litter.*] 8064, *concubuisse cum alcm̄* 8063) *Electrionis* (*Electri* 8064, *cf. Plaut. Amph.* 99) *filiam dicitur in urbe Tirynthia* (*urbem tyrinthia* 8063, *urbe thirintia* 8064), *unde natus* (*nactus* 8064) *est Hercules; unde et Tirynthius* (*thyrinthius* 8063, *thirintius* 8064) *dicitur; de qua Plautus tragicomoediam* (*trialcodiam* 8063, *tragico comediam* 8064 *ex Plauto, ut per Electri nomen apparet, interpolatus*) *dixit* (*an scripsit?*) » *Cf. scholion codicis* 13046 *f.* 40

sen.

— Nunc hoc me orare a uobis iussit Iuppiter,
65 Vt conquistores singuli in subsellia
Eant per totam caueam spectatoribus,
Si cui fauitores delegatos uiderint,
Vt iis in cauea pignus capiantur togae.
Siue *cui* qui ambiss*i*nt palmam *ex* histrionibus
70 Siue cuiquam artifici, seu per scriptas litteras
Si*bi* qui ipse ambiss*i*t seu per internun*t*ium,
Siue adeo aediles perfidiose cui duint,
Si*remps*em legem iussit esse Iuppiter
Quasi *qui* magistratum sibi alteriue ambiuerit.
75 Virtute dixit uos uictores uiuere,
Non ambitione neque perfidia : qui minus
Eadem histrioni sit lex quae summo uiro?
Virtute ambire oportet, non fauitoribus.
Sat habet fauitorum semper qui recte facit,
80 Si illis fides est, quibus est ea res in manu.
Hoc quoque etiam mihi *pater* in mandatis dedit,
Vt conquistores fierent histrionibus :

uerso : « *Iuppiter uitiauit Almenam Electrionis filiam in urbe Ti-*
rintia unde natus est Hercules qui Thirintius dicitur ». *Item* 10317
f. 40 *recto :* « *Iuppiter mutatus in Amphitrionem dicitur concubuisse*
cum uxore eius in urbe Thiritia unde natus est Hercules. » *Et* 16694
f. 27 *recto :* « *Tirins .c. est in qua Iupiter concubuit com Almena et*
genuit Herculem »
  64 *libri :* B, D, E, J *mutilus* — 65 conquisitores *cf.* 82 — singula *D¹* — 67 cui... uiderint *laudat Nonius p.* 99 *Merc. s. u.* delegari
— fauitores *DEJ Nonii H¹ :* fautores — delegatores *Nonius* — 69 Siue
pronuntiandum uidetur sīu *cum* u *consonante, cf.* Quiue 84 *et* neu *pro*
nēue — cui qui *L. Havet :* qui *libri* qui quoi *Leo* — ambissent — palmas
Palmer — ex *add. Leo* — 70 literas *B* — seu : sei *uel* si *Leo*
  71 Sibi *L. Havet :* Siue *libri* Seu *Bentley* (71 ambissit *de palma,*
83 mandasset *de plausu dicitur*) — ambisset *DE* ambissent *B deest J*
inter nuncium *BD* — 72 aedibiles *B* — 73 Sirempsem *L. Havet :* Si similem (Similem *D¹*) rem ipse in *libri cf.* siremps dicitur quasi similis
res ipsa *Festi epit. p.* 345 *Mueller ;* doctorum sirempse *ablatiuus est*
teste Charisio p. 93,25 *ubi* siremse, *p.* 143,33, *p.* 146,1 ; haec sirems
huius siremsis ars *Bernensis* (*Gramm. Lat. supplem. ed. Hagen*)
p. 122,24 — 74 qui *add. L. Havet cf.* summo uiro 77 — ambiueriũ *D¹*
— 79 habere *B¹* — recta *D¹*
  81 pater *add.* — is *post* mandatis *add. Palmer* — mihi... dedit Vt :
dedit mi in mandatis uti *ille quem sequitur Naudet* — 82 conquisitores

sen.

Qui sibi mandasset delegati ut plauderent

Quiue quo placeret alter fecisset minus

85 Eius ornamenta et corium uti conciderent.

Mirari nolim uos quapropter Iuppiter

Nunc histriones curet. Ne miremini,

Ipse hanc acturust Iuppiter comoediam. —

Quid? admirati *ita* estis, quasi uero nouum

90 Nunc proferatur, Iouem facere histrioniam.

Etiam histriones anno cum in proscenio hic

Iouem inuocarunt, uenit: auxilio is fuit.

Praeterea certo prodit in tragoedia. —

Hanc fabulam inquam hic Iuppiter hodie ipse aget

95 Et ego una cum illo. Nunc *usque* animum aduortite

Dum huius argumentum *ego* eloquor comoediae.

Haec urbs est Thebae: in illisce habitat aedibus

Amphitruo natus Argis *Alcaeo* patre,

Quicum Alcumena est nupta Electri filia.

100 Is nunc Amphitruo praefectust legionibus,

Nam cum Telebois Thebano est bellum poplo.

Is prius quam hinc abiit ipsemet in exercitum,

(quisitores *D¹*) cf. 65 — 83 mandassent — 84 Quiue = Quīu cf. 69 —
placerent — 88 acturus est — comediam *BJ* — 89 admirati ita *E. Philipot:* admirati *libri* adeo admirati *L. Havet ut* admirari *plus sit quam*
mirari — 90 Iouem facere: *an* facere sum (= eum)? cf. *ad* 442; ceterum cf. 152

91 in *om. EJ* — proscaenio *Goetz et Schoell* 1893 — 92 inuocarunt
B²D² (*et E?*): inuocauerunt *B¹J* uocarunt *D¹* — 93 Preterea — 94 hic
om. D¹ — 95 usque *add. E. Philipot autem L. Havet* — 96 *cf.* 51 —
huius: ego huius *uel* hic huius *Schoell* — ego *add. Purser apud Palmer*
(*cf.* co[maediae] *D¹* 97) *fauente allitteratione* — eloquor *Elste:* eloquar
libri proloquar *E. Philipot*

97 *libri:* B, D, E — thebae: comaediae *D¹* cf. *ad* 96 — 98-99 *de
Alcaei et Electri nominibus cf. ad* 63 — 98 *laudant Nonius* p. 487
Merc. s. u. Argus. *pseudo-Seruius Aen. I* 268 — Amphitrio *libri* amphitreo *uel* amfitreo *libri Nonii* amphytrio *codex Seruii* — natum
Nonii LHP Bamb. Colb. — Alcaeo (*cf. u.* 28 natus *sine praepos.* ex):
ex argo *libri cum Nonio et pseudo-Seruio* ex Alco *Palmer in apparatu*
— 99 *cf.* 364 — 100 *cf.* 363 — amphitrio *BD* amphytrio *E* — praefectus est

101 tum *D¹* — telobois (thel- *BD*) — Thebano est bellum *L. Havet:*
est bellum (bellum cum *E¹*) thebano — poplo *E:* populo — 102-130

seu.

Grauidam Alcumenam *fecit* uxore*m* suam.

N*unc* *n*ouisse ego uo*s* credo iam ut sit pater meus,

105 Quam liber, *hi*l*arus, u*enerum multarum siet

Quantusque amator siet quod complacitum est semel.

Is amare occepit Alcumenam clam uirum,

Vsuramque eius corporis cepit sibi,

Et grauidam fecit i*terum* compressu suo.

110 *Ita* de Alcumena ut rem teneatis rectius,

Vtrimque est grauida et ex uiro et ex summo Ioue:

Et meus pater nunc intus hic cum illa cubat

Et haec ob eam rem nox est facta longior,

Dum *cum* illa quacum uult uoluptatem capit.

Sed ita adsimulauit se quasi Amphitr*uo* siet.

N*am* ne hunc ornatum uos meum admiremini,

117 Quod ego huc processi sic cum seruili scema:

120 *Eti*am meus pater, intu*s* eccum, Iuppiter

118 Veterem atque antiquam rem nouam ad uos proferam:
119 Propterea ornatus in nouum incessi modum

cf. 1137 — 103 uxorem fecit — 104 Nunc *L. Havet:* Nam — nouisse
ego uos *cum allitteratione L. Havet:* ego uos nouisse (nouissem *B*[1]) —
105 hilarus uenerum *L. Havet:* harum rerum — stultarum *Palmer in apparatu* (inultarum *idem ibidem*) et aliarum *Redslob Neue philol. Rundschau* 1892 *p.* 6 — sciet *D*[1] — 107 Isti *D*[1] — 108-109 *cf.* 1135-1136 —
108 *laudat Nonius p.* 230 *Merc. s. u.* usus — coepit — iterum: is eam
— 110 Ita *L. Havet:* Nunc (nccde = ncde?) — 112 nunctus *D*[1] — 113
hec *B* — 114 cum *add.*

115 *libri:* B, D, E, *J mutilus* — adsimilauit *D*[1]*E* — amphitrio *BD*
amphytrio *E* (*deest J*) — 116-117 *laudat Priscianus VI 7 s. u.* schema,
ex Prisciano laudat ars anonyma Bernensis (*Gramm. Lat. supplem.
ed. Hagen p.* 98) — 116 Nam *L. Havet:* Nunc — ne... admiremini:
admiremini me ornatum *ars Bernensis* — ornatum hunc *Priscianus*
— admiraemini *B*[1]*D* — 117 *cf. ad* 116 — *laudat Nonius p.* 224 *Merc. s.
u.* scema — huc... schema *laudat Charisius p.* 53 *et* 144 *s. u.* schema
— cum... schema *laudant Probus Cathol. p.* 6 *Sacerdos p.* 471 —
Pompeius p. 197: « *nam ait Plautus* processit *Mercurius* cum seruili
schema » — Quod *D* — huc ergo *Charisius p.* 53 huc ego *p.* 144 —
praecessi *Nonii LH*[1] — sic om. *Charisius bis, ars Bernensis* — cum:
in *Sacerdos* — seruuli *B*[1] — scema *J, Prisciani libri BDGHLK, ars
Bernensis, Nonii libri praeter H*[2]*W:* schema — 118-119 (119 *duce
Guiet*) del. *L. Havet ut ab argumento huius fabulae alienos* — 120
Etiam *L. Havet:* Nam — intus *L. Havet:* intus nunc est (*cf.* 112, 131)

sen.

In Amphitruonis uertit sese imaginem
Omnesque eum esse censent serui qui uident:
Ita uersipellem se facit, quando lubet.
Ego serui sumpsi Sosiae mihi imaginem,
125 Qui cum Amphitruone *una* abiit hinc in exercitum,
Vt praeseruire amanti meo possem patri
Atque ut ne qui essem familiares quaererent
Versari crebro hic cum uiderent me domi.
Nunc cum esse credent seru*ei* conseruum suum,
130 Haud quisquam qu*ae*ret qui siem aut quid uenerim.
Pater nunc intus suo animo morem gerit:
Cubat complexus, cuius cupiens maxime est.
Quae illi ad legionem facta sunt, memorat pater
Meus Alcumenae: illa illum *suum* censet uirum
135 Secum esse, quae cum moecho est. Ibi nunc meus pater
Memorat, legiones hostium ut fugauerit,
Quo pacto *d*onis plurimis donatus si*t*.
Ea dona, quae illic Amphitruoni sunt data,
Abstulimus: facile meus pater quod uult facit.
140 — Nunc hodie Amphitruo ueniet huc ab exercitu
Et seruos, cuius ego hanc fero *in me* imaginem.
Nunc internosse ut nos possitis facilius,
Ego has *hodie* usque habebo *in* petaso pinnulas,

121 amphitrionis *BD* amphytrionis *EJ* — 123 uersipellem... lubet
laudat Nonius p. 38 *Merc. s. u.* uersipelles *et interpolator ut uidetur
p.* 41 — uersipellet *Nonii H*[1] — iubet *EJ* — 124 mi *Leo* — 125 amphitrione *BD* amphytrione *EJ* — una *add. cf.* 401 — ercitum *D*[1] — 126
pessem *D*[1] passem *J*[1] — 127 essent *D*[1] — 128 crebris *D*[1] — 129 credens
EJ — seruei *L. Havet* (*duce Bothe*) *secundum orthographiam Luci-
lianam:* seruum et. — 130 quaeret *J:* queret
131 *cf. Fronto* p. 224,2 *Naber:* ut animo morem gereres — 132
cf. 290 — cuius: cupiens *B*[1] — 134 suum *add. L. Havet ex* 135 —
135 Secum *L. Havet cf.* 134: Suum — mecho *BJ* — nunc, *B* — 137 donis plurimis donatus sit *L. Havet:* sit donis donatus plurimis (*uersus
mutatus ab antiquo lectore qui ignoraret posse* donatu *sine* s *pronun-
tiari; (talis enim pronuntiationis primum hoc in toto Plauto exem-
plum*) — 138 amphitrioni (*deest J*)
139 *libri: B, D, E* — quod *B*[2]: quot — 140 amphitrio *BD* amphytrio *E* — 141 in me *add. Palmer cf.* 265, 266 — 142 an cum allitteratione
inter nos nosse ut? (inter nosse *duobus uerbis libri*) — 143 hodie usque
habebo *L. Havet duce C. F. W. Mueller:* habebo usque *libri* habebo meo
usque *Palmer* — im *B*[1]*D cf.* sup 145 an 256 — pinnulas *B*[2]: pinulas —

sen.

Tum meo patri *itid*em torulus inerit aureus
Su*b* petaso, signum *autem* Amphitruoni non erit.
Ea signa ne*mo homo* horum familiarium
147 Videre poterit, uerum uos uidebitis.
151 Adeste: erit oper*ae* pretium, *si* specta*bitis*
152 Iouem et Mercurium facere *hic* histrioniam.
148 — Sed Amphitru*o*nis illic seruus Sosia
149 A portu *noctu* nunc cum lanterna aduenit:
150 Abigam iam ego illum aduenientem *ad eram* ab aedibus.

I, ɪ   SOSIA. MERCVRIVS

SOSIA
quatern.

153 Qui me alter est audacior   homo aut qui confidentior,
Iuuentuti*s* mores qui sciam,

                              qui hoc noctis solus ambulem?
Quid faciam, nunc si tres uiri

                              me in carcerem compegerint?
Inde cras quasi e prompt*a*ria   cella depromar ad flagrum,

144 itidem *L. Havet cf.* id 145: autem — .torrulus — 145 Sub: Sup *libri*
u. 143 Suo in *Leo* — signum autem *L. Havet cf.* 144: id signum —
amphitrioni *BD* amphytrioni *E* — 146 signū *D¹* — nemo homo: nemo
— illorum *Leo in apparatu* — 148-150 *transp. L. Havet* — 148 amphitrionis *BD* amphytrionis *E* — illic *L. Havet cf.* 149: illic est — 149 noctu
L. Havet: illic *cf.* 148 — laterna *B cf.* 406
    150 *libri:* B, D, *E*, *J mutilus* — Ambigam *D* — ad eram *add. L. Ha-*
vet fauente allitteratione eo loco ubi seiungi necesse est aduenientem *ab*
ab aedibus
    151 Adest ferit — opere — p̄tium *BD* — si spectabitis *L. Havet duci-*
bus Goetz et Loewe: hic spectantibus *libri cf.* 152 sic spectantibus *Leo*
in apparatu — 152 hic *add. cf.* 151 — SOSIA SERVOS. MERCVRIVS
DEVS *Goetz et Schoell* 1893 SOS. MERC. *om. spatio relicto D* — 153-155
laudat Priscianus de metris Terentii 10 *ut tetrametros* — 153 sos. *J: om.*
— qui *post* aut *om. Prisciani R* — 156 *cf. Apuleius Apolog.* 54 (*p.* 64
Krueger) e cella promptuaria — quasi *B²: om.* — 157 erro *B¹* — opis

quatern.

Nec causam liceat dicere

           mihi, neque in ero quicquam *opis* siet,

Nec quicquam sit, *me* omnes *eo*

               quin esse dignum deputent.

anap.

159* I*bi* quasi incudem me miserum homines

160* *In numerum* octo ualidi caedant:

161* Ita *puplicitus* peregre adueniens

162* Hospitio *bubulo ego* accipiar.

bacch.   troch. 163^{a*} Haec eri inmodestia

163^{b*} Coegit me, qui hoc noctis a portu *erae nunc*

164* *Reditum ut nuntiem* ingratiis excitauit.

anap.

165 Non *me* idem hoc luci *mittere* potuit?

166 Opulento homini hoc seruitus dura est :

      167 Hoc magis miser est diuitis seruos

siet *L. Havet :* auxilii siet *libri* auxili *Leo* habeam auxili (*deleto* mihi) *Palmer* — 158 quicquam *L. Havet :* quisquam — me omnes eo quin *L. Havet :* quin me omnes

159 *ss.: huius cantici et reliquorum discriptionem uide apud Leo et apud Palmer* — 159-160 *uno uersu libri* — Ibi *L. Havet :* Ita *cf.* 161 — In numerum *add. L. Havet* — ualidi: ualidi ualide *Spengel Reformvorschlaege p.* 333 — *et post* 159-160 *et post* 172 *habent libri uersum* 173

161-162 *uno uersu libri* — *laudant s. u.* publicitus 161-162 *Osbernus p.* 459, *Charisius p.* 214 ; 162 *Nonius p.* 513 *Merc.* — 161 *ut dimetrum brachycatalectum et* 162 *ut dim. hypercatal. laudat Priscianus de metris Terentii II* 10 — puplicitus *ante* peregre *transposuit et pro eo* bubulo (*cf.* 296) ego *substituit L. Havet* — 161 puplicitus *add.* — aduenies *Charisii codex* — 162 hospicio *BDJ* — bubulo ego : puplicitus (puplicius *B*[1] publicitus *E* plublicitus *J*) *libri* publicitus *grammatici* publicitus ego *Palmer* puplicitus lepide *uel* fustibus *Spengel Reformvorschlaege p.* 333 — accipiat *Nonius* — omisso accipiar *Charisii codex* publicitus hospitio, *corrector* hospitio publicitus — 163-164 *uno uersu libri* — Haec.. coegit me (*anap.*), Qui hoc (= huc) noctu.. excitauit (*bacch.*) *Spengel Reformvorschlaege p.* 212 — Qui... portu *ut dim. brachycatal. et* 164 *ut dim. hypercatal. laudat Priscianus ibid.* — *pro linea deperdita, quam si legit Priscianus habuit pro dimetro acatalecto, add. L. Havet* erae... nuntiem *ne sensu careat* idem hoc 165 (portu : « *hiat. in abl.* » *Leo* portud *Palmer*) — ingratis — 165 hoc luci *laudat Charisius p.* 203 *ut Sisennae lectum* — Non me: Nonne — mittere : me mittere — 166-168 Opulento.. seruitus | Durast.. miserast *Leo* (*deleto* diuitis seruos) — 167 *uersus pro* 166 *substitutus eo tempore quo* seruitus *pro anapaesto positum offensioni esset* — miserast sotad.

168   Noctesque diesque assiduo satis superque est,

169   Quo facto opus aut dicto adeo*st,* quietus ne sis,

170   Ipse dominus diues operis laboris expers

172   Aequum esse putat, non reputat laboris quid sit;

171   Quodcumque homini accidit libere, posse retur.

bacch.

174   Ergo in seruitute expetunt multa iniqua:

175   Habendum et ferundum hoc onust cum labore.

MERCVRIVS

176*   Satiust me queri illo modo seruitutem:

177*   Hodie *et toto* qui fuerim liber *aeuo,*

178*   Eum nunc potiuit pater seruitutis.

179*   Hic qui uerna natust *nullo iure* queritur.

bacch.

173 Nec aequum anne iniquum imperet cogitabit

Leo — diuitis *B².J²*: diuitiis — seruos *J* (?): seruus — 168-172 *sotadici, ut Amphitruone uetustior sit Ennii Sota — de iis cf. Spengel Reform- vorschlaege p.* 303 *adnot. et* 334 — 168 Noctes quod *Leo* — 169 Quod *C. F. W. Mueller fortasse recte* — opus aut dicto adeost *L. Havet :* aut dicto adest opus *libri* (adeost *Lachmann :* adest *libri* citost *L. Havet olim Rev. de philol.* 1890 *p.* 31-32) — quietis *D¹* quietistus *E¹* — 170 Ipsus diues operis et expers laboris *(bacch.) Schoell* — iungendum ipse expers *(aliter Niemeyer philolog. Wochenschrift* 1883 *p.* 879) — *pronuntiandum* diuess σπονδειακῶς — operis *L. Havet :* operis et 172-171 *transp. L. Havet* — 171 Quidque animi *uel* animo... *Schoell* — acciderit *Leo in apparatu* —172 Esse aequom *Leo* Id quom esse *Pal- mer in apparatu* — 173 *bis scriptus in libris et post* 172 *et post* 159-160 — *hunc qui composuit substitui uoluit uersibus* 172, 171 — equum *BE post* 172 *E post* 159-160 — 174 *laudat Nonius p.* 304 *Merc. s. u.* expe- tere (expectare *libri)* — 175 onust *B²* *ut uidetur:* opus est — 176-177 *uno uersu libri* — 176 MERC. *D²F:* om. — Satius est — inillo *EJ* — 177-178 Hodie.. nunc, Potiuit... seruitutis *duobus trimetris Palmer* — et toto *et* aeuo *add. L. Havet* — 178-179 *uno uersu libri* — 178 potiuit *B²*: potuit — 179 *laudat Nonius p.* 43 *Merc. s. u.* uerna — Quid hic uerna natus *Redslob Neue philol. Rundschau* 1892 *p.* 6 — qui: quom *Leo,* om. *Nonii LII¹* — uernā *ablat. Spengel Reformvorschlaege p.* 233 — natus est — nullo iure *add. L. Havet* — quaeritur *Plauti et Nonii*

SOSIA

quatern.

180 Sum uero uere uerbero :

num numero mihi in mentem fuit
Dis aduenienti gratias   pro meritis agere adque alloqui?
Ne illi edepol, si merito meo   referre studeant gratiam,
Aliquem hominem allegent, qui mihi os
aduenienti occillet probe,
Quoniam bene quae in me fecerunt
ingrata ea habui atque inrita.

MERCVRIVS

185 Facit ille quod uolgo haud solent,
ut quid se sit dignum sciat.

SOSIA

Quod numquam opinatus fui
neque alius quisquam ciuium
Sibi euenturum, id contigit,   ut salui poteremur domi:
Victores uictis hostibus   legiones reueniunt domum
Duello extincto maximo,   internecatis hostibus.

libri, del. Leo, quiritat Palmer queretur? idem in apparatu — 180 sos.
D²: om. — uere: uerna (cf. 179) — numero... fuit laudant Gellius I
7,17 de locutione in potestatem esse agens, Nonius p. 352 Merc. s. u. numero — num numero Leo: nunc uero libri numero Gellius, Nonius
— mi Leo — in mentem: inminentem aliquot Nonii codd.
181 aduenienti (uel -tei) L. Havet: aduenientem — 182 studeam B¹
— gratias cf. 181 — 183-185 : 184 185 183 D¹ — hominem del. Bentley
(Sonnenschein, Bentley's Plautine Emendations p. 197) — qui... probe
laudat Osbernus p. 388 s. u. oscillum — os (an aus ut austium ausculum
aurea aureax auriga? cf. 316 318) aduenienti L. Havet: aduenienti os
— oscillet Osbernus — 184 quae ED²J: qui — 185 MERC. D²J: om. —
uolgo J(?): uulgo — 186 sos. D²J: om. — 187 ut... domi laudat Nonius p. 497 Merc. « genitiuus positus pro ablatiuo uel aduerbio loci » —
potiremur libri cum Nonio — domi Nonius; domum ex 188 (putat L.
Mueller fortasse restituendum esse domu) — 188 pronuntiandum uidetur reueniunt cf. 689 — 189 spurium esse suspicatur Leo — an re-
stincto? nam suspectum düello — maximo L. Havet: maximo atque (cf.

quatern.

190 Qu*od* multa Thebano pop*lo*   acerba obiecit funera,
    Id ui et uirtute militum

            uictum atque expugnatum oppidum est
Consilio atque *auxilio atque* eri

            manu Amphitru*o*nis maxime,
    Praeda atque agro *adque* adoria

            qui adfecit populares suos
    Regique Thebano *suum*   Creoni regnum stabili*it*.
195 Me a portu praemisit domum,

            ut haec nuntiem uxori suae.
197 Ea nunc meditabor quo modo

            *d*icam ill*i*, cum illo aduenero.
    Si dixero mendacium,   solens meo more fecero :
    Nam cum pugnabant maxume,

            ego tum fugiebam maxume.
    Verum quasi adfuerim tamen

            simulabo atque audita eloquar.
    Sed quo modo et uerbis quibus   me deceat fabularier,
202 Prius ipse mecum etiam uolo hic

            meditari : sic hoc proloquar.

    196 Vt gesserit rem puplicam   ductu, imperio, auspicio suo

tabulam L. Aemilii Regilli : Duello magno dirimendo, regibus subigendis) — 190 Qui — populo

    191 Ind *EJ* — uinctum *B*[1] — 192 Imperio atque auspicio (auspitio *BE*) eri mei *libri, sed* mei *superuacaneum est (cf.* 260) *et* manu *Amphitruo regem Pterelam occidit;* imperio *autem et* auspicio *aliquis post Plauti tempora hic reposuit, qui non meminisset Amphitruonem esse regis praefectum, non populi dictatorem ; idem confecit uersus* 196 (*de quo u. Leo*) *et* 657 *et indocte in textum inseruit* — Imperiod auspiciod *Leo in apparatu* — amphitrionis *BD* amphytrionis *J* ampytrionis *E*

    193 *libri :* B, D, E — adoria... suos *laudat Osbernus p.* 393 *s. u.* odoria — adque *add.* — Praedad, agrod, adoriad *Leo* — adoria qui : adoriaque (odoriaque *E* odoria *Osbernus*) — 194 suum Cr- r- stabiliit *L. Havet (ut suum Creonis esse perspicuum sit, non ut* suos 193 suae 195 suo 196 *Amphitruonis*): Cr- r- stabiliuit suum, *sed* stabiliu *E* — 195 hec *B* — 196 *cf. ad* 192 — puplicam *D :* publicam — 197 dicam illi cum *L. Havet :* illi dicam cum

    199 *libri :* B, D, E, *J mutilus* — maxume *D :* maxime — tum *B*[2]: *om.* — maxume *D :* maxime

    202 *laudat Nonius p.* 351 *Merc. s. u.* meditari — metum *Nonii II*[1], *Gen., Bern.* B — si *EJ Nonii libri praeter L*[1] — hoc pro hoc loquar

quatern.

Principio ut illo aduenimus, ubi primum terram tetigimus,
Continuo Amphitruo delegit   uiros primorum principes.
205 Eos legat Telebois, iubet   sententiam ut dicant suam :
Si sine ui et sine bello uelint   rapta et raptores tradere,
Si quae asportassint redduint,

se exercitum extemplo domum
Reducturum, abituros agro   Arginos, pacem atque otium
Fore illis, — sin aliter sient

animati neque dent quae petat,
210 Sese igitur summa ui uirum

eorum oppidum oppugnassere.
Haec ubi Telebois ordine   iterarunt quos praefecerat
Amphitruo, magnanimi uiri   freti uirtute et uiribus
Superbi nimis ferociter   legatos nostros increpant :
Respondent bello se et suos   tutari posse, proinde uti
215 Propered suis e finibus   exercitus deducere.
Haec ubi legati pertulunt,   Amphitruo e castris ilico
Producit omnem exercitum :   contra Teleboae ex oppido
Legiones educunt suas   nimis pulcris armis praeditas.

cret.

Postquam utrimque exitum est maxima copia,
Dispertiti uiri, dispertiti ordines :
221*Nos nostras more nostro et modo instruximus

Nonii Bern. B, Gen., II' ut uidetur, P — 204 amphitrio *BD* amphytrio *E* deest *J* — 205 telobois — 207 quas *B'* — asportassent — redduint *Gertz :* redderent (reddere *B²*) cf. 226 — si *B* — 209-210 sin...
opp- opp- *laudant Nonius p.* 128 *Merc. s. u.* igitur, *Donatus ad Eun. I*
1,1 — 209 Fore : Dare — sient : essent *Nonii libri* — petant *D'*, *Nonii libri* — 210 ui om. *D'*, *Nonii libri* — uirum *L. Havet :* uirisque
(uiresque *Nonii libri*) cf. 234 — oppidum expugnasse (expugnassere
D cum Donato) *libri* oppugnatus se oppidum *Nonii libri*
211 telobois (thel- *BD*) — 212 Amphitrio *BD* Amphytrio *EJ* — freti om.
D — 213 Superbe — 215 Propered (= -ret) suis e... deducere *L. Havet :*
Propere de suis... deducerent *libri* Properaret de suis... deducere *Leo*
— 216 pertulunt *L. Havet (ut Accius* tulat) : pertulere — amphitrio *BD*
amphytrio *EJ* — e *add. F* — 217 teloboae (th- *BD*, -boe *BEJ*) — 218
legionis *D'* — reducunt *B'* seducunt *B²* — praeditas *suspectum :* prae-
dictas *D'*
221-222 Nos... item, Hostes... instruunt — Nostras nos *Spengel Re-*

cret.

222*Legiones, *item* suas hostes *contra* instruunt.

Deinde utri*m*que imperatores *medii* exeunt,

Extra turbam ordinum collocuntur simul.

225 Conuenit, uicti utri sint eo proelio,

Vrbem, agrum, aras, focos, seque uti dedu*i*nt.

Postquam i*t pactum* est, tubae *contra* utrimque *occinunt*.

Consonat terra, clamorem utrimque efferu*n*t.

Imperator utrimque hinc et illinc Ioui

230 Vota suscipere, *utrimque* hortari exercitum.

Pro se quisque id quod qui*t,* qu*a* potest et ualet

Edit, ferro ferit: tela frangunt, boat

Caelum fremitu uirum, ex spiritu atque *halitu*

Nebula constat, cadunt uulner*um* u*i* uir*i*.

Denique ut uoluimus nostra superat manus,

236 Hostes crebri cadunt, nostri contra ingruunt :

237   uicimus ui feroces.

formvorschlaege p. 129 — 222 Legiones item suas hostes contra *L. Ha-vet* (*del. altero* legiones) : legiones item | Hostes contra legiones suas *libri* (*ubi* item *del. Bentley, Plautine Emendations p.* 197) Legiones itidem contra hostes suas *Baehrens Jahrb. für class. Phil. CXXIX* (1884) *p.* 837, Legiones, contra item hostes suas *Spengel Reformvorschlaege p.* 4 — 223-224 Deinde... ordinum *laudat pseudo-Seruius Aen. I* 191 *s. u.* turbam — 223 utrimque *Palmer :* utrique — medii *Palmer :* in medium — 224 collocuntur *J :* colloquuntur — 225 proelio *DJ :* praelio *B* prelio *E* — 226 dederent *cf.* 207 — 227 it pactum (pactum *Baehrens*): id actum (a *ex* t *B*) — tubae *D*(?) : tube — contra utrimque occinunt : utrimque canunt (*saec. IX* ca = occ?) contra *libri* contra utrimque incinunt *Spengel Reformvorschlaege p.* 125 — 228 Consonant aera *Baehrens* — clamoremque *B* — 229 utrimque : Victori *Baehrens an* utrique hinc et illinc (= *nostro et hostium*) Ioui ? — 230 utrimque *add. Spengel Reformvorschlaege p.* 4: add. post *uel* deinde *idem ibid.* pro re *Palmer Hermathena IV* (1883) *p.* 241 porro *Baehrens*

    231 Tum *add. Leo* — id *forte delend. Leo* — quod : quoque *D* — quit qua *L. Havet :* quisque *libri* ui sua *Baehrens* usquam *Spengel Reformvorschlaege p.* 41 (*qui proponit et* Quisque id quod quisque pro se potest et ualet) — 232 ferrum *Baehrens* — fligunt *Baehrens; an* frendunt *ut gallice « grincent »*? — de Plautino *uerbo* reboare *uide Goetz et Loewe* — 233-234 fremitu... constat *laudat Nonius p.* 272 *Merc. s. u.* constat — 233 ex : et *Nonius* ec *L. Mueller* — anhelitu *libri cum Nonio* — 234 uulnerum ui (uei *Baehrens*) uiri (« *aliud latet* » *Leo*): uulneris ui et uirium (uirum *D¹J*) *libri cf.* 210 pulueris ui et uirum *Palmer an* uulneratei uirei *cf.* 129?

    235 uoluimus *B²*: uolumus *libri* ualuimus *Baehrens* — 236-237 *uno uersu libri* — 236 nostra *D* — 237 *om. J* — uicimus *del. Spengel Reformvorschlaege p.* 5 — feroces : feri *uel* trucos *Palmer in apparatu;*

cret.

Sed *in* fuga*m* se tamen nemo conuortitur

Nec recedit loco quin statim rem gerat:

240 Anima*m* omittunt prius quam loco demigrent,

Quisque ut steterat iacet optinetque ordinem.

Hoc ubi Amphitr*uo* erus conspicatus *meust,*

Ilico equites iubet dextera in*ua*dere.

Equites parent citi, ab dextera maximo

Cum clamoro inuolant, impetu alacri *irruunt,*

246-247 Foedant et proterunt hostium copias   iure iniustas.

MERCVRIVS

octon.

Numquam etiam quicquam adhuc uerborum est prolocu-
 tus perperam.

Namque ego fui ill*i* in re praesenti et meus cum pugna-
 tum est pater.

SOSIA

250 Perduelles penetrant se in fugam: ibi nostris animus
 additu*st*.

Vortentibus Telebois telis complebantur corpora,

Ipsusque Amphitr*uo* regem Pterelam sua*pte* o*pt*runcauit
 manu.

Haec illic est pugnata pugna *ita* usque a mani ad ue-
 sperum.

---

an feroces ferocissimos? — 238 *laudat Nonius p.* 480 *Merc. s. u.* con-
uertitur — in fugam *L. Havet:* fugam in (fuga haud fit *Leo in app.*) —
conuostitur *B¹* confortitur *D¹* (*contra* u *pro* f 392) — 239 *laudat Nonius p.* 393 *Merc. s. u.* stătim — 240 Animam *J:* Animom *D¹* Animum
BD²E u. ad 262 — omit₊iunt *D* omitiunt *E* — prius *om. D¹*
242 amphitrio *BD* amphytrio *J* ampytrio *E* — meust *L. Havet duce
Camerario:* est (*in litura ubi discernuntur* s₊₊₊₊est) — conspicatust semel *Palmer in app.* — 243 inducere — 245 *laudat Nonius p.* 128 *Merc.
s. u.* inuolare — inuolant *laudat Placidus p.* 58 *Deuerling* — cum alacri *Palmer* — irruunt *add.* opprimunt *add. Spengel Reformvorschlaege
p.* 6 (*in addendo utcumque allitterandum*) — 246-247 *uno uersu* (iure
iniustas *om. J*) — Foedunt *D¹* — 249 illic — 250 additus est
251 telobois (thel- *D*) — 252 Ipsiusque *EJ* — amphitrio *BD* amphytrio *EJ* — sua obtruncauit *libri* = sua[pte o]ptruncauit *cf.* 415 — 253
laudat Nonius p. 231 *Merc. s. u.* uespera — illic est: illi ex *E¹* illis

octon.

Hoc adeo hoc commemini magis,   quia illo die inpran-
    sus fui.

255 Sed proelium id tandem diremit nox interuentu suo.

Postridie in castra ex urbe a*d* nos ueniunt flentes prin-
    cipes,

Velatis manibus orant ignoscamus peccatum suum,

Deduntque se, diuina humanaque omnia, urbem et liberos

In dicionem atque in arbitratum cuncti Thebano poplo.

260 Post ob uirtutem ero Amphitr*u*oni patera *data ib*ist aurea,

Qui Pterela po*t*itare *s*olitus re*x* est. Haec sic dicam erae.

sept. Nunc pergam eri imperium exequi

                       et me domum capess*am*.

MERCVRIVS

troch.

Attat, illic huc iturus*t* : ibo ego *illo* illi obuiam,

Neque *ue*ro huc hominem hodie ad aedis has sinam un-
    quam accedere.

265 Quando imago est huius in me, certum est hominem elu-
    dere.

Et enim uero quoniam formam cepi *serui* in me et statum

est *Nonii libri* — pugnato pugnu D^1 — mani *Nonius :* mane *libri* —
illi sic pugnata pugnast *Studemund ap. Abraham Studia Plautina*
p. 209 *quo duce* ita *add. L. Havet* — usque *ante* usque *add. Ribbeck*
Rhein. Mus. 1883 p. 450 ; inde (*quod rursus add. Goetz et Loewe) add.*
ille quem secutus est Naudet — 255 proelium *J :* praelium (prelium *E*)
— 256 ad nos $B^2D^2J :$ annos *u. ad* 143 — 257 *laudat Nonius p.* 496
et p. 502 *Merc. propter accusatiuum* — *an* ignoscamus orant? — orant:
orant ut *Nonii libri* p. 502 — 259 dicionem *J :* ditionem — 260 ob *om.*
B^1 — amphitrioni *BDE* amphytrioni *J* — data ibist *L. Havet cf.* illi
761 766 780 : donata est *ortum fortasse ex* dccταιυsτ (*in ceteris locis ut*
418 763 771 *aut* datur *alicui paterä aut* donatur *aliquis paterä*)
   261 pterela : propterea D^1 prerela *J* — potitare solitus rex est *L. Ha-*
vet; rex est potitare solitus *Asmus* (*De appositionis apud Plaut. et*
Ter. collocat.) : potitare rex solitus est (rex *om.* B^1) — potitare 419: *hic*
positare D^1 poare B^1 potare B^2D^2EJ — si B^1 — ₓrae B^1 — 262 *laudat*
Nonius p. 266 *Merc. s. u.* capessere — exequi: persequar *Nonius* —
capessam *L. Havet :* capessere (-ū D^1, *cf.* augeum 307, Animum 240)
— 263 MERC. *om.* D^1 — iturus est — illo *aduerbium add. L. Havet* —
illi : ilico *Palmer* — 264 Neque uero *uel* Nec uero *L. Havet :* Nequĕ
ego — 266 caepi (coepi *J*) — serui *L. Havet :* huius

troch.

Decet et facta moresque huius *ka*pere me similes item.

Itaque me malum esse oportet, callidum, astutum admodum

Atque hunc telo suo sibi, malitia, a foribus pellere.

270 Sed quid illuc est? caelum aspectat. Obseruabo quam
rem agat.

SOSIA

Certe edepo*l*, si quicquamst aliud quod credam aut certo
sciam,

Credo ego hac noctu Nocturnum *uino* obdormisse ebrium.

Nam neque se septentriones quoquam in caelo commouent,

Neque se luna quoquam mutat *st*atque uti exorta est
semel,

275 Nec iugulae neque uesperugo neque uergiliae occidunt.

Ita statim stant signa neque nox quoquam concedit die.

MERCVRIVS

Perge, nox, ut occepisti: gere patri morem meo.

267 capere *Palmer :* habere *cf. in libro B* kalet *pro* calet *et* kinc *pro* hinc *Bacch.* 105, kac 108, koc 110, kuc 114, komo 161, Nesilockus 177, kinc 179... — 268 oporet *B*¹*D cf.* 316 318 992 — 269 malicia *BD*

271 sos. *om. D.* — edepol : edepol scio — quicquam est *BJ* — quid — aut : a *D* — 272 Crede *B*¹ — ego *om. D*¹ — notu *B*¹ — Nocturninum *Hieronymus aduersus Vigilantium* (*t.* 4 *p.* 286 *ed. Bened. Parisiis a.* 1706) — uino *add. L. Havet* — 273-274-276 *suspectum* quoquam, *maxime* 276 : *an* neque... quaquam *ut* haudquaquam, nequaquam ? — 273 Nam : Namque *B*¹ — 274 quoquam : *u.* 273 — statque: atque *cf. ad pro* stant 276 *ap. Nonium* — 275 *laudant Varro VII* 50, *Osbernus p.* 613 *et* 618 — neque (*uel* nec) uesperugo... occidunt *laudant Varro VI* 6 *et Festi epitome p.* 368 *s. u.* uesperugo — Neque *Varro, Osbernus p.* 618 — uigulae *B*¹*DE* (uigule *DE*) iugula *Varro fortasse recte* — nec *E cum Osberno p.* 613 *et Festo* — uesperuginem *uocem ex Plauto laudant Censorinus XXIV* 4 *et Varro apud Augustinum de ciuitate dei XXI* 8 — nec *Festus* — uergiliae *L. Havet* (uergĭlias - - - *Cicero,* uergĭliis - ◡ ◡ - *male Propertius; uocem in dactylis uitant ceteri, inter quos Vergĭlius,* pleiades *pro* uergĭliae *dicentes ut* Scipiades *pro* Scĭpio *et* Fufetioeo *pro* Fūfĕtī) — 276 Ita... signa omnia *laudat Nonius p.* 391 *Merc. s: u.* stare *et p.* 393 *s. u.* stătim — Ita... signa *laudat Donatus Phorm. V* 3,7 — stant : *ad Nonius p.* 391 — signa omnia *Nonius bis* — neque... die *laudat pseudo-Seruius in Georg. I* 208 *s. u.* die — quoquam : *u.* 273 — die *pseudo-Seruius :* diei — 277 morem patrem meum

troch.

Optumo optume optumam operam das, datam pulchre
locas.

SOSIA

Neque ego hac nocte longiorem me uidisse censeo
280 Nisi *noctem* unam, uerberatus quam pēpendi perpetem.
Eam quoque edepol *haec* iam multo uicit longitudine.
Credo edepol equidem dormire Solem, atque adpotum
probe:
Mira sunt nisi inuitauit sese in cena plusculum.

MERCVRIVS

Ain uero, uerbero? deos esse *tis* similis putas?
285 Ego pol te istis tuis pro dictis et malefactis, furcifer,
Accipiam: modo sis ueni huc, inuenies infortunium.

SOSIA

Vbi sunt isti scortatores, qui soli inuiti cubant?
Haec nox scita est exercendo scorto conducto male.

MERCVRIVS

Meus pater nunc pro huius uerbis recte et sapienter facit,

D^1 morem patre meo D^2 — 278 des B — 279 sos. *in lit.* B — uedisse
me B^1 uidisse me B^2 — 280 noctem *Palmer in apparatu*: item *libri
pridem Leo* — 281-286 *damnat Schuster cf.* 272-276 — 281 Eam*** B
— edepol etiam... longitudine: edepol equidem... probe (u. 282) D^1 —
haec iam multo *L. Havet:* etiam multo haec — 282-283 *retractatori
tribuit Schuster, Quomodo Pl. Attica exempl. transtulerit, Gryphisw.*
1884 *p.* 11 — 283 *laudat Nonius p.* 321 *Merc. s. u.* inuitare — Mira
sunt nisi: Mirum si *Nonius* (Anne mirum si *Luc. Mueller*) — cena E,
Nonii L W: caena — 284 aini D^1; *pronuntiandum uidetur* ajjin, *alibi*
ajn, *ut modo* rejjice *modo* rejce; aine *Lachmann ad Lucr. III* 374
p. 162 — deus D^1 — tis *L. Havet:* tui *cf.* 442 856 — 285 furgifer $\bar{B}D$
fugifer E — 286 sis *om. D* — 287 soliti *EJ an* solei? *cf.* 129 — 288 *laudat Donatus Eun. IV* 4,2 — Hec B — *an cum allitteratione* exercendo
scitast scorto?

troch.

290 Qui conplexus cum Alcumena cubat amans, animo op-
    sequens.

SOSIA

Ibo ut erus quod imperauit Alcumenae nuntiem.
Sed quis hic est homo, quem ante aedis uideo hoc no-
    ctis? non placet.

MERCVRIVS

Nullus est hoc metuculosus aeque.

SOSIA

                    Atqui in mentem uenit:
Illic homo hoc *uetus* denuo uolt pallium detexere.

MERCVRIVS

295 Timet homo: deludam ego illum.

SOSIA

                    Perii, dentes pruriunt:
Certe aduenientem hic me hospitio pugneo accepturus est.

290 opsequens *D*: obsequens
292 est hic *B* — edis *BDE* aedes *J* — 293-294 *delet Anton. Mueller*
p. 22 — 293 *an* hoic? — *pronuntiandum uidetur* metŭculosus — atqui
L. Havet: quem *libri* hem mi *Ribbeck Jahrb.* 1883 *p.* 450 — 294 *an cum*
allitteratione quae dicitur: Illic homo hoc uolt pallium uetus denuo detexere? — Illo *D¹* — hodie *add. Palmer post* homo — uetus *add. L.*
Havet hoc *add. Leo* — denuo *cf.* 317: de umero *Leo* — uolt *J*(?):
uult — detexere (texe *in lit.*) *B*: dextere *DE* dexterae *J* — *cf. Seruius*
A. X 424 « *dum texit: dum spoliat, nam tempus praesens est non prae-*
teritum, ab eo quod est tego; sic Plautus ego hunc hominem hodie detexam (*traditur et* texam) pallio » *qui uersus senarius erit si scri-*
pseris detexam cum pallio — 295 peri, dentes *B¹* perii dente *D¹* perli-
dentes *E* plidentes *J* — 296 me *om. D¹* — hospicio *BDJ* — pugne

troch.

Credo misericors est: nunc propterea quod me meus erus
Fecit ut uigilarem, hic pugnis faciet hodie ut dormiam.
Oppido interii: obsecro hercle, quantus et quam ualidus
    est.

MERCVRIVS

300 Clare aruorsum fabulabor, *modo* hic auscultet quae lo-
    quar:
Igitur magis *multo* maiorem in sese concipiet metum,
Agite pugni: iam diu est quo*m* uentri uictum non datis.
Iam pridem uidetur factum, heri quod *illos mane* quat-
    tuor
In soporem collocastis c*l*uros.

SOSIA

             Formido male
305 Ne ego hic nomen meum commutem et Quintus fiam_e
    Sosia.
Qua*t*tuor c*l*uros sopori se dedisse hic autumat:
Metuo ne numerum augeam illum.

MERCVRIVS

             Em, nunciam ergo sic *uolo*...

(pugnae *J*) — 298 uigilem *D* — 299 *laudat Nonius p*. 361 *Merc. s. u.*
oppido — interi *uel* interio *Nonii libri* — et om. *Nonius* — 300 Clar
EJ — aruorsum *L. Havet:* auorsum (aduorsum *cod. Gud.*) — modo *add.*
L. Havet cf. 301 — hic: sic *Ribbeck p.* 450 ut hic (*uel* hic ut) *Luchs p.* 8
   301 magis *om. D*[1] — multo *Redslob Neue philol. Rundschau* 1892
p. 6: modum *cf.* 300 — maiorem *D*[2]: morem — Igitur tum modum in
maiorem *Palmer in apparatu* Igitur magis immaniorem *Leo in appa-*
ratu — 302 quod *cf.* 303 — 303 pridem: primum *B* — eri *BD* — illos
mane *L. Havet* (*ut intellegantur* iam diu, iam pridem): homines —
quattuor *EJ:* quatuor — 304 cluros *L. Havet cf.* 306: nudos — 304-
307 *miro modo disponit Anton. Mueller* — 305 Non *EJ* — 306-307
Quattuor... illum *interpolatori tribuit Vahlen Hermes XVII* (1882)
p. 276 — 306 Quattuor *E* (?): Quatuor *BD* Quattor *J* — cluros *L. Havet*
(*Luctatius Placidus p.* 30 *Deuerling:* cluram *uel* clurum *simiam alias*
cercopithecum): duros *libri* (uiros *J*?) nudos *Leo* duro *Palmer* — ati-
tumat *D* — 307-309 *sic interpungit L. Havet* — 307 augeum *D*[1] *cf.* 262
— nunciem *D*[1] — ergo om. *D*[1] — sic uolo *D*[2]: sicolo *libri* sex uolo

SOSIA

Cingitur: certe expedit se.

MERCVRIVS

... non feret quin uapulet...

SOSIA

Quis homo?

MERCVRIVS

...quisquis huc profecto uenerit: pugnos edet.

SOSIA

310 Apage, non placet me hoc noctis esse: cenaui modo;
Proin tu istam cenam largire, si sapis, esurientibus.

MERCVRIVS

Haud malum huic est pondus pugno.

SOSIA

Perii, pugnos ponderat.

MERCVRIVS

Quid, si ego illum tractim tangam, ut dormiat?

SOSIA

Seruaueris:
Nam continuas has tris noctes peruigilaui.

MERCVRIVS

Pessum*um* est

Ribbeck Rhein. Mus. 1883 *p.* 450 — 308 foret *E* fortet *J* — 309 quisquis:
quisquis homo — profecto huc *Leo in apparatu* — edat *E* aedat *J*
    311 caenam *BDJ* — 313 Quid... dormiat *laudant s. u.* tractim *Nonius
p.* 178 *Merc. Osbernus p.* 575 — illum *om. Osbernus* — tractim *laudat
Charisius p.* 221 *ut Sisennae lectum* — 314 pessum

troch.

• 315 Facinus nequiter ferire : malam malacisset manus.
Alia forma os esse oportet quem tu pugno tetigeris.

SOSIA

Illic homo me interpolabit meumque os finget denuo.

MERCVRIVS

Exossatum os esse oportet, quem probe percusseris.

SOSIA

Mirum ni hic me quasi murenam exdorsuare cogitat.
320 Vltro istinc qui exossas homines. Perii, si me aspexerit.

MERCVRIVS

Olet homo quidam malo suo.

SOSIA

Eia: numnam ego obolui?

315 *delet A. Mueller p.* 22 — Facinus: sos. Facinus *BDE* Facimus *Leo*
— *ex h. u.* nequiter *affert glossarium Plaut. (Ritschl op. t. II p.* 236,
271) — malacisset *L. Havet ducibus Goetz et Loewe (cf. Laberii* malas
malaxaui): male (malae *E*) discit *libri* male gestit *Palmer* maledicit
Ribbeck Rhein. Mus. 1883 *p.* 450 — 316 Alia: Malam alia *Leo* — os (*nisi
scribendum est* aus *cf. ad* 183) esse *cf.* 318: esse *libri* esse os *Ribbeck
Rhein. Mus.* 1883 *p.* 450 eum esse *Hasper Jahrb.* 1883 *p.* 134 — oporet
B u. 268 — tetigeris: legeris *libri probante Palmer* pexeris *Abraham
Stud. Plautina p.* 209 — 317 sos: MERC. *BD om. E (deest J)* — *laudat
Nonius p.* 34 *Merc. s. u.* interpolare — Illuc *Nonii L WP* — interpolauit
Nonii HLP — os finget: offinget *Nonii H¹* — 318 MERC.: sos. *BD om.*
E (deest J) — os om. D (*hic et fortasse* 342 os *ossis,* 316 os *oris uel*
aus *auris*) — oporet *B¹ u.* 268 — 319 sos. add. — ni *codd. quidam:*
ne *libri nostri* nei *Th. Hasper Neue Jahrb. f. Phil.* 1883 *p.* 134 — hic...
exossare cupit *laudat Osbernus p.* 388 *s. u.* exosso — mutienam *D¹*
muraenulam *Hasper* — exossare (*itidem corruptus u. Aul.* 399) *cf.*
exossatum 318 exossat 320 — cupit *Osbernus* — 320 istuc — exossas
L. Havet propter ist[in]c: exossat *cf.* aspexerit
321 eia (= *tace*) *L. Havet:* ei — numnam *B²:* numquam (num ei iam

truch.

MERCVRIVS

Atque haud longe abesse oportet, uerum longe hinc a*f*uit.

SOSIA

Illic homo superstitiosus*t*.

MERCVRIVS

Gestiu*n*t pugni mihi.

SOSIA

Si in me excerituru's, quaeso in parietem prius *ut* domes.

MERCVRIVS

325 Vox mihi ad aures aduola*u*it.

SOSIA

Ne ego homo infelix fui,
Qui non alas interuelli : uolucrem uocem gestito.

MERCVRIVS

Illic homo a me sibi malam rem arcessit iumento suo.

SOSIA

Non equidem ullum habeo iumentum.

MERCVRIVS

Onerandus est pugnis probe.

Leo) — 322 hinc *B*² : hic — affuit — 323 sos. *add.* — superstitiosus
est — MERC. : SOS. — gestiunt *B*² : gestiuit — 324 sos. *add.* — *laudat
Nonius p.* 295 *Merc. s. u.* exercere — Si in me om. *aliquot Nonii codd.*
— imparietem *aliquot Nonii codd.* — prius ut *L. Mueller :* prius *Nonius* ut primum *libri contra allitterationem* — 325 mi *Leo* — aduolauit
EJ : aduolabit — 327 malom *D*¹ — 328 onerandis *D*¹ — pugnis oneran-

SOSIA

Lassus sum hercle e naui, ut uectus huc sum : etiam
nunc nauseo.
330 Vix incedo inanis, ne ire posse cum onere existumes.

MERCVRIVS

Certe enim hic nescioquis loquitur.

SOSIA

Saluus sum, non me uidet.
« Nescioquem » loqui autumat : mihi certo nomen Sosia est.

MERCVRIVS

Hinc enim mihi dextera *a*uris uo*x*, uidetur, uerberat.

SOSIA

Metuo uocis ne uice*m* hodie hic uapulem, quae hunc uerberat.

MERCVRIVS

335 Optume eccum incedit ad me.

SOSIA

Timeo, totus torpeo.
Non edepol nunc ubi terrar*u*m sim scio, siquis roget,
Neque miser me commouere possum prae formidine.

dust *contra allitterationem Palmer in apparatu* — 329 uictus *D*¹ uee-
tus *E*¹ — 330 inceto *D*¹ — existumes *J :* existimes
  333 *uersus tragici parodia ?* — auris uox *L. Havet consulens allitte-*
rationi : uox auris ut — 334 uice — 336 terrarim *B*¹*D*¹ — siquis : ubi

troch.

I*licet*! mandata eri perierunt una et Sosia.
Verum certumst confidenter hominem contra conloqui,
340 Igitur qui possim *esse* huic fortis, a me ut abstineat
    manum.

MERCVRIVS

Quo ambulas tu, qui Vulcanum in cornu conclusum geris?

SOSIA

Quid id exquiris tu, qui pugnis os exossas hominibus?

MERCVRIVS

Seruu*nes* an liber?

SOSIA

Vtcumque animo conlibitum est meo.

MERCVRIVS

Ain uero?

SOSIA

Aio.

MERCVRIVS

Aio enimuero uerbero.

SOSIA

Mentiris nunc.

EJ — 338 Illic et *B* Illic ei *EJ* Illic (*an* Illic,?) *D*¹ — perierierunt *B*¹
— 339 certus (certum *J*) est — 340 *damnat Palmer in apparatu* —
possem *D*¹ — esse *L. Havet:* uideri (luderi *EJ*)
    341 cornū *D* — 342 *pronuntiandum uidetur* oss exossas, *cf. ad* 318
— 343 Seruunes *L. Havet* (Seruosne es *defendit G. Kaempf de pronominum etc. p.* 44 *collatis Pseud.* 610 *Capt.* 270): Seruusne. — 344 MERC.
aio enimuero *L. Havet:* enimuero. MERC. *libri* enimuero MERC. ueru's

troch.

MERCVRIVS

345 At iam faciam ut uerum dicas dicere.

SOSIA

Quid eo est opus?

MERCVRIVS

Possum scire quo profectus, cuius sis aut quid ueneris?

SOSIA

Huic *rei huc* eo, eri sum seruus. Numquid nunc es certior?

MERCVRIVS

Ego tibi istam hodie, sceleste, comprimam linguam.

SOSIA

Haud potes:
Bene pudiceque adseruatur.

MERCVRIVS

Pergin argutarier? —
350 Quid apud hasce aedis negot*i* est tibi? *mane.*

SOSIA

Immo quid tibi est?

Leo in apparatu — 347 Huic rei huc *L. Havet:* Huic (Huc *B²J*) —
eri : eri iussu, eius *Leo* — numquid *J :* nunc quid — cercior *BD* —
349 obseruatur *D¹* — 350 negotii (negotium *EJ*) — mane *add. L. Havet
ut indicetur Sosiam ad aedes accedere* dic *add. Seyffert, Philologischer
Anzeiger XIII* (1883) *p.* 353 — mine? *add. Palmer ante* immo — qid
tibi *D* quid ibi *J* — es *EJ*

troch.

MERCVRIVS

Rex Creo uigiles nocturnos singulos semper locat.

SOSIA

Bene facit; quia nos eramus peregri, tutatust domi.
At nunc abi sane: aduenisse familiares dicito.

MERCVRIVS

Nescio quam tu familiaris sis: nisi *nunc* tute hinc abis,
355 Familiaris, accipiere faxo haud familiariter.

SOSIA

Hic inquam habito ego atque seruus sum horunc.

MERCVRIVS

At scin quo modo
Faciam ego hodie te superbum, nisi hinc abis?

SOSIA

Quonam modo?

MERCVRIVS

Auferere, non abibis, si ego fustem sumpsero.

---

351 noctunos *D*¹ nocturos *J* — 352 peregre — tutatus est — 353 A̲t
B — 354 quantum *EJ* — nunc tute *L*. *Havet ut illi* abi *uersus* 353 *re-
spondeatur :* actutum (hac tutum *E*) *libri ex* 360 — 355 accipere —
356 horunc seruus sum *libri* — sin *D* se in *E?* — *post* modo *non interpungit L. Havet* — 357-358 Faciam... abis *et* Auferere non abibis *laudat Nonius p.* 171 *Merc. s. u.* Superbos — 357 nisi: si *Nonii W* —quonam: quo nomina *EJ* — abis: abhis *Nonii W* — 358 *laudat Osbernus
p.* 56ᵇ *s. u.* auferre — *de Nonio cf. supra* — Auferere *J*², *Nonii LH :*
Auferrere (Auferre *J*¹, *Nonii W*); Aufer te *Osberni prima manus* —

SOSIA

Quin me*d* esse huius familiae familiarem praedico.

MERCVRIVS

360 Vide sis, quam mox uapulare uis, nisi actutum hinc abis.

SOSIA

Tu*n* domo prohibere peregre me aduenientem postulas?

MERCVRIVS

362* Haeci*n* tua domust?

SOSIA

Ita inquam.

MERCVRIVS

Quis erus est igitur tibi?

SOSIA

Amphitr*u*o, qui nunc praefectus*t* Thebanis legionibus,
Quicum nupta est Alcumena.

MERCVRIVS

Quid ais? *t*ibi quid nomen es*t*?

abiis *Nonii II² WL* — 359 me *libri* tibi me *Emm. Philipot* — 360 *u.* 354
361 Tun *J:* Tum — prohibere *om. D¹* — 362 *libri uersibus duobus*
Haeccine... inquam *et* Quis... tibi — MERC. *D: om.* — Haeccine — domus
est — SOS. *D² in litura:* MERC. — MERC. *D² in litura:* SOS. — 363 SOS. *D²*
in litura: MERC. — Amphitrio *BD* Ampytrio *E* (*deest J*) — praefectus
est — 364 MERC. *D² in litura: om. relicto spatio* — qiđ agis *D* — tibi
quid nomen est *L. Havel:* quid (quod *DE*) nomen est tibi (tibi est *EJ*)
libri, sed nominatis personis duabus necesse est incipiatur a tertia —

troch.

SOSIA

365 Sosiam uocant Thebani, Dauo prognatum patre.

MERCVRIVS

Ne tu istuc hodie malo tuo compositis mendaciis
Aduenis, audaciae tu columen, consutis dolis.

SOSIA

Immo equidem tunicis consutis huc aduenio, non dolis.

MERCVRIVS

At mentiris etiam: certo pedibus, non tunicis uenis.

SOSIA

370 Ita profecto.

MERCVRIVS

Nunc profecto uapula ob mendacium.

SOSIA

Non edepol uolo profecto.

MERCVRIVS

At pol profecto ingratiis:
Hoc quidem profecto certum est, non est arbitrarium.

365 sos. *om. D*[1] — *an uersus tragici parodia?* — 366 MERC. *om. D*[1]
— istuc *L. Havet cf.* huc 368 : istic — 367 Aduenis audaciae tu *L. Ha-*
vet (Aduenisti audaciae tu *E. Rey*) : Aduenisti audatiae *libri cf.* aduenio 368 uenis 369 — 368 sos. *et* 369 MERC. *om. D*[1] — 370 sos. *et* MERC.
om. D[1] — mendatium
    371 ingratis

SOSIA

Tuam fidem obsecro.

MERCVRIVS

Tun te audes Sosiam esse dicere,
Qui ego sum?

SOSIA

Perii.

MERCVRIVS

Parum etiam, praeut futurum est, praedicas.
375 Quoius nunc es?

SOSIA

Tuus: nam pugnis usu fecisti tuum.
Pro fidem, Thebani ciues.

MERCVRIVS

Etiam clamas, carnufex? —
Loquere, quid uenisti?

SOSIA

Vt esset quem tu pugnis caederes.

MERCVRIVS

Cuius es?

SOSIA

Amphitruonis inquam Sosia.

MERCVRIVS

Ergo istoc magis,
Quia uaniloquu's, uapulabis: ego sum, non tu, Sosia.

376 fidi *BE* uide *D deest J* — carnufex *J :* carnifex — *signum silentii*
(—) *apposuit L. Havet, at fortasse apud Plautum ut apud Molière
respondebat Sosia deperditoque uersui reddenda littera est* E *a qua* 377
incipit — 377 Eloquere *cf. ad* 376 — pignus *D¹* — cederes — 378 Cuius

troch.

SOSIA

380 Ita di faciant, ut tu potius sis atque ego te ut uerberem.

MERCVRIVS

Etiam muttis?

SOSIA

Iam tacebo.

MERCVRIVS

Quis tibi erust?

SOSIA

Quem tu uoles.

MERCVRIVS

Quid igitur? qui nunc uocare?

SOSIA

Nemo nisi quem iusseris.

MERCVRIVS

Amphitruonis te esse aiebas Sosiam.

SOSIA

Peccaueram:
Nam Amphitruonis Socium *nunc* me esse uolui dicere.

ess *anap. uel* Cuiiuss *spond.* — amphitrionis *BD* amphytrionis *EJ*
381 taceto *D¹* — erus est — 382 qui: qid *D¹* — 383 Amphitrionis *BD*
Amphytrionis *EJ* — aiebas *B²D²J?*: alebas — 384 amphitrionis *BD* amphytrionis *EJ* — Sōcium (= *Saucium*) *L. Havet:* sotium (sotio *D¹* socium
E?) — nunc me *L. Havet:* ne me *libri* sane me *Palmer* re med *idem*
nempe me *idem* enim med *Ribbeck Rhein. Mus.* 1883 p. 451 uernae
me *Seyffert Philol. Anzeiger XIII* (1883) *p.* 353 ne erres me *Schoell*

Plauti Amph. 3

troch.

MERCVRIVS

385 Sc*i*bam equidem nullum esse nobis nisi me seruum Sosiam.
Fugit te ratio.

SOSIA

At utinam istuc pugni fecissent tui.

MERCVRIVS

Ego sum Sosia ille qu*i* tu dudum esse aiebas mihi.

SOSIA

Obsecro ut per pacem liceat te alloqui, ut ne uapulem.

MERCVRIVS

Immo indutiae parumper fiant, siquid uis loqui.

SOSIA

390 Non loquar nisi pace facta, quando pugnis plus uales.

MERCVRIVS

Dicito sic *:* non nocebo.

SOSIA

Tuae fid*e* credo?

MERCVRIVS

Meae.

u. ad 404 — 385 Sciebam — *an cum allitteratione* equidem esse nullum nobis? — 386 Fugite ratio *E* Fugit iteratio *J* — at utinam *L. Havet :* utinam *libri* utinam idem *Palmer* — 387 qui *L. Havet cf.* 374 : quem — 388 eloqui *D¹* — 389 uis : siis *D¹* — 390 quando... uales *cf.* 396 391 sic *L. Havet:* si quid uis *cf.* 389 — nocebo : tacebo *D¹J¹* — tue *B*

troch.

SOSIA

Quid, si falles?

MERCVRIVS

Tum Mercurius Sosiae iratus siet.

SOSIA

Animum aduorte: nunc licet mihi libere quiduis loqui.
Amphitruonis ego sum seruus Sosia.

MERCVRIVS

Etiam denuo?

SOSIA

395 Pacem feci, foedus *eici*, uera dico.

MERCVRIVS

Vapula.

SOSIA

Vt libet quid tibi libet fac, quoniam pugnis plus uales.
Verum utut es facturus, hoc quidem hercle haud reticebo
tamen.

MERCVRIVS

Tu me uiuus hodie numquam facies quin sim Sosia.

SOSIA

Certe edepol tu me alienabis numquam quin noster siem:

— fidei c'.. die 546 re 674 — 392-395: 393 394 395 392 B^1 — 392 ualles D^1
liber e Germania ut uidetur oriundus cf. 238, 376 — sosie B — 393 mi
Leo — quiduis: d in litura B — 394 Amphitrionis BD Amphytrionis EJ
— 395 eici (= ici) L. Havet duce Otto: feci — 396 quid tibi libet ut quid-
libet — ualet D^1 cf. 390 — 397 „ercle B — 398 uiuus B^2D^2J: uius D^1E

troch.

400 Nec nobis praesente ali*s* *me* quisquam*st* seruus Sosia.

MERCVRIVS

402 Hic homo sanus non est.

SOSIA

Quod mihi praedicas uitium, id tibi est.

403 Quid, malum, non sum ego seruus Amphitruonis Sosia?

401 Qui cum Amphitru̯one hinc una ieram, *ut abiit,* in exercitum.

404 Nonne hac noctu *n*auis nostr*a in portum* e Portu Persico

Venit, quae me aduexit? non *me ipse* huc erus misit meus?

Nonne ego nunc *s*to ante aedes nostras? non mihi est lanterna in manu?

Non loquor? non uigilo? nonne hic *m*odo me pugnis contudit?

Fecit hercle : nam etiam *mi* misero nunc malae dolent.

Quid igitur ego dubito? aut cur non intro eo in nostram
domum?

(*et B*[1]*?*) — 400 Nec... seruus *laudat Nonius p.* 76 *Merc. s. u.* praesente
— Hec *EJ* — praesente *Nonius :* pra̯eter (preter *B*) me *libri* — alis *L.*
Havet : aliquis *Nonius* alius *libri* — me *add. L. Havet* —quisquamst :
quisquam est *libri* quisquam nisi *Nonius* — *tacitus reicit Palmer quae*
proposuerat Hermath. V (1883) *p.* 244.
401 amphitrione *BD* amphytrione *EJ* — ut abiit *add. L. Havet* —
Non ego sum qui c- A- una abieram hinc i- e- *Schoell* — 402 403 401
Schoell — 402 quod: o *in litura B* —mi *Leo* —uitium *E (?):* uicium —
403 amphitrionis *BD* amphytrionis *EJ* — 404 Persicum Portum *laudat*
Festus p. 217 — nostra nauis (*cf.* 412 ; nauis *post* portu *J*) — in portum
add. Palmer, recta *Schoell N. Heidelb. Jahrb. II p.* 40 *ut in chartae la-*
cuna quae etiam ex 384 *aliquid hauserit* — 405 huc med *P. Schrader*
— non me ipse *L. Havet:* nonne me — 406 nunc sto : nunc isto *B (et*
E[1] *?)* ✱✱✱ nunc isto *D*[1] nunc hic sto *J* (hic *add. B*[2] *supra* isto) *cf.* hic 407
— lanterna *D*[1]*:* laterna — 407 loquar *D* — modo: homo modo — 408
ercle *BJ* — mi *add.* — nunc mihi malae *Leo* nunc meae malae *Palmer*
in apparatu — 409 ego igitur *D* — aut: ut *DE* — in *delet Abraham*
Stud. Plaut. p. 199

troch.

MERCVRIVS

410 Quid, domum uostram?

SOSIA

Ita enim uero.

MERCVRIVS

Quin qu*a*e dixisti modo
Omnia ementitu's: equidem Sosia Amphitr*u*onis sum.
Nam noctu hac soluta est nauis nostra e Portu Persico,
Et ubi Pterela rex regnauit oppidum *op*pugnauimus,
Et legiones Teleboarum ui pugnando *foedi*mus,
415 Et ipsus Amphitr*uo* optruncauit regem Pterelam in proelio.

SOSIA

417 Hic quidem certe quae illi sunt res gestae memorat me-
moriter. —
416 Egomet mihi non credo cum illaec autumare *te* audio ;
418 Sed quid ais? quid Amphitr*uo*ni *uictis* Telebois datum est?

MERCVRIVS

Ptcrela rex qui potitarc solitus est patera aurea.

410 Qui *E* — uestram *BDJ* nostram *E* — quinque
411 amphitrionis *BD* amphytrionis *EJ* — 412 persicco *D¹E u. ad* 404
— 413 tibi *D* — oppugnauimus *L. Havet cf.* 209 : expugnauimus *libri*
(*cf.* 191 746) *quod ante pugnam factam sensu caret* — 414 teloboarum
D theloboarum *EJ* — foedimus (= fudimus) *L. Havet* : coepimus (= ce-
pimus, *sed nullo sensu*) *libri* occidimus *Gertz* uicimus *Palmer in apparatu* — 415 amphitrio *BD* amphytrio *EJ* — proelio *DJ* praelio *BE*
— 416 te *L. Havet* : illum (illum audio : ill. .udio *D¹*) *cf.* hic 417 (*pro
te positum illum eo tempore quo loco motus erat uersus neque iam in-
tellegi te poterat*) — 417-416 *L. Havet* — 417 Hi quidem *Luchs, Com-
mentationes prosodiacae Plautinae p.* 12 — illi *E* : illic — 418 amphitrioni *BD* amphitrionis *E¹* amphytrioni *J* — uictis Telebois *L. Havet :* a

troch.

SOSIA

Elocutust. *Set* ubi patera nunc *ista* est?

MERCVRIVS

In cistula.

Amphitruonis obsignata signo est.

SOSIA

Signi dic quid est?

MERCVRIVS

Cum quadrigis sol exoriens. Quid me captas, carnufex?

SOSIA

Argumentis uicit. Aliud nomen quaerundum est mihi.
Nescio unde haec hic spectauit. — Iam ego hunc deci-
      piam probe:
425 Nam quod egomet solus feci, nec quisquam alius affuit,
In tabernaclo, id quidem hodie numquam poterit dicere.
Si tu Sosia es, legiones cum pugnabant maxume,
Quid in tabernaclo fecisti? Victus sum, si dixeris.

MERCVRIVS

Cadus erat uini: inde impleui *ut* hirneam...

SOSIA

Ingressust uiam.

telebois (telobois *DE, deest J*) — 420 Elocutust set: Elocutus est *libri*
Elocutu's sed *Gertz (Goetz-Loewe p. XII)* Elocutust et *Leo* — ista *add.*
post est *Gertz, ante* est *L. Havet (L. Havet ne absit indicium secundae*
personae)
   421 Amphitrionis *BD* Amphytrionis *EJ* — 422 captus *D* — carnifex *BE*
— 423 uincit *EJ cf.* 433 — querundum (-endum *BEJ*) — 424 hec *B* —
aucupauit *Leo in apparatu* — 425 quod *om. D* — aliuo *D¹* — 426 tabernaclo *DE*: tabernaculo — 428 tabernaclo *DE*: tabernaculo — 429 Cadus...

troch.

MERCVRIVS

430 Eam ego ut matre fuerat natum *ueteris* eduxi meri.

SOSIA

Factum est illud, ut ego *ibi* uini hirneam ebiberim meri.
Mira sunt nisi latuit intus illic in illac hirnea.

MERCVRIVS

Quid nunc? Vincon argumentis, te non esse Sosiam?

SOSIA

Tu negas me*d* esse?

MERCVRIVS

Quid ego ni negem, qui egomet siem?

SOSIA

435 Per Iouem iuro med esse neque me falsum dicere.

MERCVRIVS

At ego per Mercurium iuro, tibi Iouem non credere:
Nam iniurato scio plus cred*i*t mihi quam iurato tibi.

hirneam *laudant Nonius p.* 546 *Merc. s. u.* cyrnea *Osbernus p.* 274 *s. u.*
hirna — uini : uini plenus *Osbernus* — impleuit *Osbernus* — ut *add.*
L. Havet — hurneam *E*[1] hyrneam *J* (*sic* 431 432) cyrneam *libri*
Nonii (cyneam *P*) *apud quem praeeunt lemmata* Catinus Calamistrum
Carchesia — *ingressust uiam* Sosia *mirans, quod uulgo non intellegunt;*
nam praue hirneam *interpretantur exempli causa* « *Trinkgefäsz* », *neque,*
siquis forte in bello ex hirnea *uinum bibit, id alius diuinare potuit —*
430 ueteris *L. Havet collata imitatione Molerii, et ne sensu careat* matre
fuerat natum : uini *libri* tum uini *Palmer* — eduxim eri *B*[1] edueram
eri *D*[1]
  431-432 : 432 431 *EJ* — sos. *uersui* 432 *praefigit ut uidetur E* (*deest*
J) — 431 est *om. DEJ* — ibi *metri causa L. Havet :* illic *cf.* 432 an
ibei? — 434 med *E*[3] : me de (me *J*) — 435 med *B* : me de (me *J*) —
437 credit *L. Havet :* credet (crederet *EJ*) — iura₊o *B*[1] iuɪa *D*[1] —

SOSIA

Quis ego sum saltem, si non sum Sosia? *hoc* te interrogo.

MERCVRIVS

Vbi ego Sosia ne*uo*lam esse, tu esto sane Sosia:
440 Nunc quando ego sum, uapulabis, ni hinc abis, igno*minis.*

SOSIA

Certe edepol, quom illum contemplo et formam cognosco
   meam,
Quemadmodum ego *sam* saepe in speculum inspexi: similest *mis* nimis.
Itidem habet petasum ac uestitum, *i*ta m*is* consimilest
   atque ego.

Sura, pes, statura, tonsus, oculi, nas, au*res*, labra,
445 Malae, mentum, barba, collus: totus. Quid uerbis opust?
Si tergum cicatricosum, nihil hoc similist similius.
Sed quom cogito, *i*dem sum equidem certo qui semper fui.
Noui erum, noui aedis nostras: sane sapio et sentio.
Non ego illi optempero quod loquitur: pultabo foris.

438-440 *additicios esse Leo suspicatur* — 438 hoc *add. L. Havet cf.* 609
— te : et *J¹* — 439 sisia *D¹* — neuolam *L. Havet, quod qui improbabit,
ille cum C. F. W. Mueller scribat* esse nolim *uel* nolam (*nam cum imperatiuo futuro requiritur futurum*): nolim — 440 ignobilis
   441 quomodo *B* — et: em *Leo* — 442 sam (= *eam*) *L. Havet cf. Rev.
de philol.* 1891 *p.* 66-67 : sum — saepae *B* — similest mis nimis (*uel*
nimis est simile mis) *L. Havet:* nimis simile est mei; *pro* m*i*s *scribi
potest et* meis *ut* 856 — 443 ita mis *L. Havet:* tam — consimile est —
tam similist atque ego mei *Athenaeum* 1891 *p.* 275 — 444 *laudat Nonius
p.* 179 *Merc. s. u.* tonsus — Supra *D¹* — nas aures: nasa uel *EJ*
nasum uel *BD Nonius* (nãs *L. Havet, = sanscrit.* nãs; *pluraliter eodem
sensu* nãres, *ut modo* os *modo* ora; *nãres ab* nãs *ut* aures *ab* οὖς, aus-
[culto]) — uel labra *libri:* palpebrae *Tyrrel ap. Palmer* palpebra *Palmer in apparatu* os labra *Palmer ibid.* — 445 Malae... collus *laudat
Nonius p.* 200 *Merc. s. u.* collus — malŭ ementā *D¹* — barra *Nonii
libri praeter II¹* — collus *Nonius:* collum — 446 nihil... similius *imi-
tatus est Fronto p.* 101 *Naber* — similist: similest *B* simile est *DEJ
cf.* 442 443 — 447 quom *DE:* quomodo *B* — idem sum equidem certo

troch.

MERCVRIVS

450 Quo agis te?

SOSIA

Domum.

MERCVRIVS

Quadrigas si nunc inscendas Iouis
Atque hinc fugias, ita uix poteris effugere infortunium.

SOSIA

Nonne erae meae nuntiare, quod erus meus iussit, licet?

MERCVRIVS

Tuae siquid uis nunti*es*: hanc nostram adire non sinam.
Nam si me inritassis, hodie lumbifragium hinc auferes.

SOSIA

455 Abeo potius. Di inmortales, obsecro uestram fidem.
    Vbi ego perii? ubi inmutatus sum? ubi ego formam per-
        didi?
    An egomet me illic reliqui, si forte oblitus fui?
    Nam hic quidem omnem imaginem, me*a* qu*ae* antehac
        fuerat, possidet.
    Viuo fit, quod numquam quisquam mortuo faciet mihi.
460 Ibo ad portum atque haec ut*ut* sunt facta, ero dicam meo.

L. *Havet*: equidem certo idem sum *quod qui corrigit consulere debet
allitterationi*
   452 meae : me *D*¹— nunciare *BD* — 453 nunties *L. Havet*: nuntiare
(nunciare *BDJ*) *ex* 452 — 454 *sic laudat Osbernus p.* 320 *s. u.* lumbifragium: lumbifragium hinc auferes si me irritassis — lumbifragium
Osbernus: lumbifrangium — 457 si: sed *Palmer* — 458 hiquidem
Luchs — mea *Bentley*:_meam (tuam *B*¹) — que *BD* quod *J* — 460 utut
L. Havet: ut

troch.

Nisi etiam is quoque me ignorabit, quod ille faxit Iuppiter,
Ast ego hodie raso capite caluus capiam pilleum.

MERCVRIVS

sen.

Bene prospereque hoc operis processit mihi:
Amoui a foribus maximam molestiam,
465 Patri ut liceret tuto illam amplexarier.
Iam ille illuc ad erum cum Amphitruonem aduenerit,
Narrabit seruum hinc sese a foribus Sosiam
Amouisse: ille adeo illum mentiri sibi
Credet, neque credet huc profectum ut iusserat.
470 Erroris ambo ego illos et dementiae
Complebo atque omnem *hanc* Amphitruonis familiam,
Adeo usque satietatem dum capiet pater
Illius quam amat: igitur demum omnes scient
Quae facta. Denique Alcumenam Iuppiter
475 Rediget antiquam *cum uiro* in concordiam.
Nam Amphitruo actutum uxori turbas conciet,
Atque insimula*b*it eam probri; *t*um meus pater
Eam seditionem illi in tranquillum conferet.
Nunc de Alcumena dudum quod dixi minus,

461-462 quod... pilleum *sic laudat Seruius Aen. VIII* 564: quod utinam ille faxit Iuppiter ut raso capite portem pilleum — 461 ignorabit
me *J* — ignorabat *B¹E* — faxit *Seruius:* faciat — 462 *laudat Nonius
p.* 528 *Merc.* — Ast *L. Havet:* Vt — hodie: *cf. ad* 463
463-495 « *Mercuri sermo passim ut prologus additamentis uidetur
auctus esse* » Leo — 463 MERC- om. *D uersu uacuo* — hoc: hoc hodie *cf.*
462, *seruat Palmer* prosp're *pronuntians* — 466 amphitrionem *BD* amphytrione *EJ* — 467 Narrauit *B¹* — 469 namque *D*
471 hanc *add. L. Havet, ut Sosiae opponantur famuli ceteri, qui
Thebis remanserant* — amphitrionis (amphytr- *EJ*) — 472 sacietatem
(cie *in litura B*) *BD* — 473 sciant *D* — 475 cum uiro in concordiam *L. Havet:* in concordiam coniugis (-ges *D¹*); *nusquam alibi apud Plautum
legitur* coniunx — *fortasse cohaerent corruptelae* 475 *et* 500 *inter quas
interuallum linearum XXVI, itidem* 486 *et* 511; *nam archetypi paginas lineis uicenis senis constitisse testes sunt et codices CD, in quibus
is linearum numerus seruatus, et ut uidetur ipse B, in quo tres primae
fabulae LVIII paginas efficiunt, ut in D LVIII folia* — 476 amphitrio
(amphytr- *EJ*) — contiet *BD²* continet *D¹* — 477 insimulauit —
— probrium (proprium *D, B corr.*) *cf.* actuum *pro* actutum — 478 Iam
DEJ — 479-495 *recentiores putat Langen Plaut. Stud. p.* 233-239 —

sen.

Hodie illa pariet filios geminos duos:

Alter decumo post mense nascetur puer

482 Quam seminatus*t*, alter *hora* septima.

484 Verum minori puero maior est pater,

485 Minor maiori: iamne hoc scitis quid siet?

483 Eorum Amphitru*o*nis alter est, alter Iouis.

486 Sed Alcumenae *id meus* honoris gratia

Pater curauit uno ut *f*etu fieret,

Vno ut labore absoluat aerumnas duas,

Et ne in suspicione ponatur stupri

490 Et clandestina ut celetur consuetio.

Quamquam, ut iamdudum dixi, resciscet tamen

Amphitru*o* rem omnem. Quid igitur? nemo id probro

Profecto ducet Alcumenae: nam deum

Non par uidetur facere, delictum suum

495 Sua siqu*i* culpa expetere in mortale*m* sinat.

Orationem comprimam: crepuit foris.

---

480 filius *D¹*

481 *laudat Osbernus* (*Mai, Class. auct. uol. VIII*) *p.* 167 *s. u.* decem, decumus — decumo post (mense): *sic locatum in senario uidetur numquam post* (illam) *Capt.* 118 — 482 seminatus — hora septima *L. Havet:* mense septimo — 483 *transp. L. Havet* — amphitrionis *BD* amphytrionis *EJ* — 484 minor puer puero *EJ* (puerppuero *E*) — *pronuntiandum* maiïör — 486 Sed « *non aptum* » *Leo* — Alcumenae: Alcumenas *Ribbeck Rhein. Mus.* 1883 *p.* 451 *cf. Leo* — id meus *L. Havet:* huius *u.* 475 — 487 foetu *BD* — fieret: fleret [*sic*] et *uel* feret (= fieret) *Palmer olim* et liberet *Ribbeck Rhein. Mus.* 1883 *p.* 451

488 *laudat Nonius p.* 57 *Merc. s. u.* enixae — *ante* 488 *putat Ribbeck omissum esse uersum unum, qui fuerit dittographiae initium, quattuor uersus continentis* — Vno ut: u *uel* u*₊* *uel* ut *uel* uno *Nonii libri* — absoluat: exsolueret *uel* exolueret *libri Nonii* (*apud quem paulo ante uox* exsolutae) absoluet *Goetz et Schoell* 1893 — 489 Vt *Goetz et Schoell* 1893 — suspicione *DJ cf.* 490: suspitione *BE* — 490 *laudat Donatus Ad. IV* 5,32 *s. u.* consueuit — clan₊₊₊₊₊destina *B* clan destina *E* clandestine *Donatus* — consuetio: suspicio *BDJ* suspitio *E* consuetudo *Donatus,* consuetionem Plautus pro consuetudine dixit *Festi epitome p.* 61 *Mueller* (*cf. Loewe, Prodromus corporis glossariorum Latinorum p.* 258).

492 Amphitrio *BD* Amphytrio *EJ* — agitur *B* — probo *EJ* — 493 alcumene nam *B* alcumenam *D* — 495 *laudat Nonius p.* 301 *Merc. s. u.* expetere (*libri* expectare) — Sua siqui culpa *L. Havet:* sua siquid culpa *Nonii libri* Suamque ut culpam *Plauti libri* — in mortalem: mortalem ut *Nonii libri ubi* ut *ex collatione librorum Plautinorum re-*

sub.

Amphitruo subditiuus eccum exit foras
Comite Alcumena uxore uersuraria.

IVPPITER. ALCVMENA. MERCVRIVS

troch.

IVPPITER

Bene uale, Alcumena, cura rem communem, quod facis,
500 Atque iam tibi inperce quaeso : menses esse actos uides.
Mihi necesse est ire hinc : uerum quod erit natum tollito.

ALCVMENA

Quid istuc est, mi uir, negoti, quod tu tam subito domo
Abeas ?

IVPPITER

Edepol haud quod tui me neque domi distaedeat :
Sed ubi summus imperator non adest ad exercitum,
505 Citius quod non facto est usus fit quam quod facto est opus.

MERCVRIVS

Nimis hic scitust sycophanta, qui quidem meus sit pater.
Obseruatote ecqui blande mulieri palpabitur.

positum cf. Mélanges Graux 804-805 in mortalem ut Plauti libri —
497-498 del. Palmer quia « The end of scenes is the favourite ground
for the interpolator », quem putat, ut uidetur, prosa oratione scribere
esse solitum — 497 Amphitrio BD² Amphimtrio D¹ Amphytrio EJ —
foris D — 498 Comite L. Havet: Cum — uersuraria L. Havet: usuraria
quod neque per usuram (108 1135) neque per usum (845) satis explices ;
similiter corrupti uersus 980 et I 3
　　IVPP- ALC- MERC- om. D IVPP- DEVS. ALC- MVLIER. MERC- DEVS
Goetz et Schoell 1893 — 499 ene cum spatio DE — quid B¹ — 500 Atque
iam tibi inperce quaeso menses : Atquin perge quaeso menses iam tibi
(Teque uel Tibique inperce Palmer ; iam tibi transp. L. Havet) : u. 475
　　502 negotii — sobito D — 503 haud... distaedeat laudat Osbernus
p. 588 — quod tui : quaque tui Osbernus ; an quo tis ? cf. 284 — diste-
deat (distendeat J) — 506 scitus est — sycophanta — sit meus EJ —
507 laudant pseudo-Seruius Aen. XI 725 s. u. obseruans, Donatus Ad.

troch.

ALCVMENA

508 Ecastor te experior, quanti facias uxorem tuam.

MERCVRIVS

510 Edepol ne illa si istis rebus te sciat operam dare,
511 Ego faxim te Amphitruonem esse *multo* malis quam Iouem.

IVPPITER

509 Satin habes, si feminarum nulla est quam aeque diligam?

ALCVMENA

512 Experiri istuc mauellem me quam mi memorarier.
Prius abis quam *ubi* cubuisti concalet lectus locus.
Heri uenisti media nocte, nunc abis. Hoccin placet?

MERCVRIVS

Accedam atque hanc appellabo et subparasitabor patri.
Numquam edepol quemquam mortalem credo ego uxorem
suam
Sic ecflictim amare, proinde ut hic te ecflictim deperit.

2 *s. u.* obseruari — obseruato *pseudo-Seruius* obseruat orate *Donati
codex Parisinus* 7920 *f.* 52 *uerso* — ecqui: quam *libri*, *pseudo-Seruius*,
ut *Donatus*, hunc qui *Bach* (*de usu pron. dem. p.* 359) — suppalpatur
mulieri *ps.-Seru.*, palpetur mulieri *Donatus*, *cf. Plautus Merc.* 167
uide ut palpatur — 510-511-509 : 509 510 511 *libri* — 510 si istis: fustis
E furtis *J*
   511 amphitrionem *BD* amphytrionem *EJ* — multo *add.: u.* 475 —
512 me : re *Palmer in apparatu* — mihi — 513 quam... locus *laudat
Priscianus VI* 73 *s. u.* lectus — ubi cubuisti concalet lectus *L. Havet
fauente allitteratione*: lectus ubi cubuisti concaluit — loc.ₓₓ *B¹* — 514
hoccine — 516 ego *om. D* — 517 hic... deperit *laudat Osbernus* p. 202
s. u. efflictim — efflictim: *cf. Ritschl op. II* p. 236, 272 — *hic priore
loco* ecflictim *B²* afflictim *B¹* et flictim *D* et fictum *E¹J²* et factum *J¹*,

troch.

IVPPITER

Carnufex, non ego te *satis* noui? abin e conspectu meo?
Quid tibi hanc curatio est rem, uerbero, aut muttitio?
520 Quo*i* *pol* ego iam hoc scipione...

ALCVMENA

Ah noli.

IVPPITER

Muttito modo.

MERCVRIVS

Nequiter paene expediuit prima parasitatio.

IVPPITER

Verum quod tu dicis, mea uxor, non te m*i* irasci decet.
Clanculum abi*i* a legione; operam *dandam* hanc subru-
         pui tibi
Ex me primo prima *ut* scires rem ut *g*essissem puplicam.
525 Ea tibi omnia enarraui. Nisi te amarem plurimum,
Non facerem.

MERCVRIVS

Facitne ut dixi? timidam palpo percutit.

posteriore loco efflictim — amare: are *DE*[1] — 518 Carnufex *D(?)*:
Carnifex — satis *add. L. Havet* — abin: fugin *Palmer in apparatu* —
519 uerbero aut muttito *laudat Osbernus p.* 611 *cf. idem p.* 125 — muttitio *EB*[2]: muttio *B*[1] mutitio *D* muttito *Osbernus et ut uid. J cf.* 520 —
520 Quoi pol *Seyffert (philol. Anz. XIII p.* 353): Quol (Quoid *B*[1]) *libri*
Quoiei *Leo* — iam: iam iam *Palmer*
     522 mihi — 523 clanculum: clanculum paulum *Liter. Centralblatt*
(1883) *p.* 807. — abii *J(?)*: abi *BDE* abii ego *Palmer* — dandam *add.
L. Havet* — subrupui *DE*: subripui *B* subrepui *J*[1] — 524 ut *hoc loco
add. L. Havet* — gessissem *D*[2]: cessissem *BD*[1]*E* gessiem *J*[1] — puplicam *D*: publicam — 525-526 *censet A. Mueller aut omnino coniungendos*

troch.

IVPPITER

Nunc ne legio persentiscat, clam illuc redeundum est mihi,
Ne me uxorem praeuertisse dicant prae re publica.

ALCVMENA

Lacrimantem ex abitu concinnas tu tuam uxorem.

IVPPITER

Tace :

530 Ne corrumpe oculos. Redibo actutum.

ALCVMENA

Id actutum diu est.

IVPPITER

Non ego te hic lubens relinquo neque abeo abs te.

ALCVMENA

Sentio,

Nam qua nocte ad me uenisti, *a me* eadem abis.

IVPPITER

Cur me tenes?

Tempus *est :* exire ex urbe prius quam lucescat uolo.
Nunc tibi hanc pateram, quae dono mihi illí ob uirtutem
data est,

esse, *aut a* nisi *saltem usque ad* dixi — 527-528 illuc... publica *laudat
Nonius p. 362 Merc. s. u.* praeuertere — 528 uxorem *om.* D¹ — 529 Lacrimante... uxorem *laudat Nonius p. 43 Merc. s. u.* concinnare —
lacrimante *Nonius* — habitu *Nonius* — concinna *Nonii H¹* — *ante
Iouis notam* M *eras.* D — 530 actuum *B¹E cf.* 544 627 — actuum *B¹*
532 a me *add. L. Havet* — 533 est *add.,* it *add. Palmer* — lucescat
B² : luciscat *B¹DE* lutescat *J* — 534 que *B* — illic — datest *B¹E* —

troch.

535 Pterela rex qui potitauit, quem ego·mea occidi manu,
    Alcumena, tibi condono.

ALCVMENA

         Facis ut alias res soles.
Ecastor condignum donum, qualest qui dono dedit.

MERCVRIVS

Immo sic : condignum donum, qualest cui dono datumst.

IVPPITER

Pergin autem? nonne ego possum, furcifer, te perdere?

ALCVMENA

Noli amabo, Amphitruo, irasci Sosiae causa mea.

IVPPITER

Faciam ita ut uis.

MERCVRIVS

        Ex amore hic admodum quam saeuus est.

IVPPITER

542* Numquid uis?

ALCVMENA

      Vt quom absim me ames.

IVPPITER

          Ne te amo absentem tamen.

---

535 potitauit (*priore* i *ex corr.*) *D* portauit *J* — 537 *laudat Nonius
p.* 198 *Merc. s. u.* culest — Ecastor : edepol *Nonius* — quale est *BD*
qualis est *EJ* culest *Nonii libri (sub littera C)* quale *Nonii H*[1] qualist
Leo — dono *L. Havet :* donum — 538 sic sic *B*[1] —*post* sic *interpungit
Niemeyer* — qualis est *J* — datust (datum est *J*) — 539 sossum *D*[1] —
540 amphitrio *BD* amphytrio *EJ* — sosie *B*
   541 sueuus *B* seuus (se *in lit. D*) *DEJ* — 542 ames (m *ex parte et*

troch.

MERCVRIVS

543* Eamus, Amphitruo : lucescit hoc iam.

IVPPITER

Abi prae, Sosia:
544* Iam ego sequar. — Numquid uis ?

ALCVMENA

Etiam : ut actutum aduenias.

IVPPITER

Licet.
545* Properius tua opinione hic *ego* adero : bonum animum
    habe.

IVPPITER

Nunc te, nox, quae me mansisti, mitto; *nunc* cedas die
Vt mortalis illucescat luce clara et candida.
Atque quanto, nox, fuisti longior, haec proxuma

es *in lit.*) B — IVPP. ne te amo *L. Havet:* me tuam te *libri* ut amo te
Seyffert philol. Anzeiger XIII (1883) *p.* 353 — absentei *Leo* — 542-
545 *sic fere discripti:* Numquid... absentem *DEJ* Numquid... tamen *B,*
Eamus... iam *B* Tamen... iam *DEJ,* Abi... aduenias *B* Abi... licet *EJ*
Abi... etiam *et* Vt... licet *D,* Prius... habe *DEJ* Licet... habe *B; post*
sosia 543 *spatium* 5-8 *litterarum BDE (sed inter se pugnant quae Goetz
et Loewe afferunt p.* IX *et* 62) — 543 amphitrio *BD* amphytrio *EJ* —
lucescit *B²J:* luciscit — 544 ego sequar: eloquar *D¹* — actuum *B¹*

545 Properius *L. Havet:* Prius *male libri, quod fortasse ortum ex*
Propius — hic ego *L. Havet:* hic *libri* ego hic *Leo in apparatu* — ade-
cro *E¹* — habe: Alcumena, habe *Palmer* habe modo et uale *Schoell
Neue Heidelb. Jahrb.* 1892 *p.* 40

IVPPITER *ut in noua scaena add. cf.* 974 — 546 nox: nux *D¹* — me
om. EJ — nunc *L. Havet:* ut *BEJ* nec *D* — die: diei *cf.* 391 674 —
547 illucescat *D:* inlucescas *B* illucessacas *E¹* illucescas *J* — *post et
ras.* 6 *litterarum D* — 548 haec *Palmer:* hac

Plauti Amph.   4

troch.

Tanto breuior dies ut fiat faciam *et* aeque dispar*is*.

550 E*i;* dies *nunc pro te* accedat. Ibo et Mercurium sequar.

AMPHITR*V*O. SOSIA   .*C.*

bacch.

AMPHITRVO

Age i tu secundum.

SOSIA

Sequor, subsequor te.

AMPHITRVO

Scelestissimum te arbitror.

SOSIA

Nam quam ob rem *istuc?*

AMPHITRVO

Qui a id quod neque est neque fuit neque futurum est

549-550 ut aeque disparem, et Ex die nocti accedat *Palmer* (Tanto breuior nox... ut aeque disparem Et die e nocte accedat *Palmer in Hermathena IV* 1883) ut aeque dispari Dispar dies nocti succedat *Speijer Mnemosyne XIX* 1891 — 549 et *L. Havet* : ut — aeque**ₓₓ** *D* — disparis *femin. pro* dispar *G. Ramain cf.* paris *(fortuna) Atta ap. Prisc. VII* 12 : disparet *libri (quod seruat Leo punctum addens)* — 550 Ei (= I) *L. Havet* : Et *libri* Set *Leo* — nunc pro te *L. Havet* (te *agnouit G. Ramain)*: e nocte — ibo : ibo ego *Palmer* — sequar *Leo post illum quem secutus est Naudet* : subsequar *ex* 551

Incipit actus II — AMPH- SOS- *om. D cum spatio* AMPH- DVX SOS- SERVOS *Goetz et Schoell* 1893 — AMPHITRIO *β* AMPHYTRIO *EJ* — .*C.* (= canticum): .*P. E om. BDJ cf.* 633 — 551 Age *β²J*: ge *cum spatio* — 552 nam quam: me ? nam quam *Palmer* nam quam me (*uel ere) Palmer in apparatu* — istuc *add.*

bacch.

Mihi praedicas.

SOSIA

Eccere iam tuatim
555 Facis, sit fides ut tuis nulla apud te.

AMPHITRVO

Quid est? quo modo? iam quidem hercle ego tibi istam
Scelestam, scelus, linguam abscidam.

SOSIA

Tuus sum:
Proinde ut commodumst et lubet quidque facias.
Tamen quin loquar haec uti facta sunt hic,
560 Numquam ullo modo me potes deterrere.

AMPHITRVO

Scelestissime, audes mihi praedicare id,
Domi te esse nunc, qui hic ades?

SOSIA

Vera dico.

AMPHITRVO

563* Malum quod tibi di dabunt atque ego hodie
564* Dabo.

SOSIA

Istuc tibist in manu: nam tuus sum.

AMPHITRVO

Tun me, uerbero, audes erum ludificari?

554-555 eccere... facit *laudat Nonius p.* 179 *Merc. s. u.* tuatim —
554 tuatim *laudat Charisius p.* 221 *ut Sisennae lectum —* tuatim *Nonius,
Charisius:* tu autem — 555 facit *Nonii libri* — sit fides ut... te
L. Havet: ut... te sit fides *libri —* 558 st et: siet — 560 potest *B*[1]
563 hodie dabo (Dabo *B) cf.* 564 — 564 Dabo *om. cf.* 563 — 565 ludos

bacch.

Tune id dicere audes, quod nemo umquam homo antehac
Vidit nec potest fieri, tempore uno
Homo idem duobus locis ut simul sit?

SOSIA

569* Profecto ut loquor res ita est.

AMPHITRVO
                                    Iuppiter te
570* Perdat.
                        SOSIA
           Quid mali sum, ere, tua ex re promeritus?

AMPHITRVO

Rogas *me*, improbe, etiam qui ludos facis me?

SOSIA

Merito male *precaris* mihi, si id ita factum est.
573* Verum haud mentior resque uti*st* acta dico.

syst.
troch.
573-584   AMPHITRVO

α   *Quid* hic hom*o?* ebriust ut opinor.

SOSIA

β   Vtinam ita essem.

AMPHITRVO
                                Optas quae facta.

facere *Bentley* — 566 Tun *Schrader Dissert. phil. Argentor. VIII*
1885 — 568 duobus: in duobus *Prehn Quaest. Plaut. p.* 11 — 569 loquar D[1] loquo E — te Perdat *cf.* 570 — 570 Perdat *om. cf.* 569 —
quid... promeritus *laudat Nonius p.* 462 *Merc. s. u.* promeritum —
tua: tanta *Nonii libri* — exire D[1]
     571 me J[1]: ne — 572 male precaris L. *Havet* (*cf.* quid igitur = qui
praegnas 719): maledicas *libri* meo maledicas *Palmer* — mi *Leo* — id
ita: id B[1] ita id E[1] non id ita J — factum est: sit nefactum *Schoell*
     573 utist acta L. *Havet:* uti facta (facta est J) — dico BJ: dic E die
D[1] (dicam D[2]) *ut prius, ut uidetur, fuerit* facta dic homo ebrius (*omis-
sis* -o AMPH... hic) — homo hic — *uersus sic discripti:* 573-α Verum...
opinor, βγδε Vtinam... hominis (B Vtinam... istic, Vbi... hominis; D

syst.
troch.

SOSIA

γ   Egone?

AMPHITRVO

Tu istic: ubi bibisti?

SOSIA

δ   Nusquam equidem bibi.

AMPHITRVO

Quid hoc sit

ε   Hominis?
SOSIA

Equidem decies dixi:
ζ   domi ego sum inquam: *ego,* ecquid audis?
η   Et apud te adsum Sosia idem:
θ   satin hoc plane, satin diserte,
ι   Ere, nunc uideor tibi locutu*s*?

AMPHITRVO

χ   Vah apage te a me.

SOSIA

Quid est negot*i*?

Vtinam... tu, Istic ubi... hominis; *EJ* Vtinam... egone, Tu istic ubi...
hominis), εζη Equidem... idem, θικ Satin... uah, χλ Apage... istuc, μν
Dicis... amphitrio, νξ At te ego faciam... es, οπ Vt minus... iam —
systema trochaicum constit. L. Havet et pro ξοπ *fecit metri simul et
sensus gratia* ποξ — *casu deperditae sunt chartulae nostrae nonnullae,
ut fortasse desit hic et illic quod in adnotatione significari par fuerit
— adeundi Leo, Palmer, Spengel Reformvorschlaege —* α quid *add. L.
Havet —* ebrius est — β ista *E —* Μ *E¹ ante* AMPH. — opta *J —* γ sos.
om. E¹ — ergo *E —* ne: me *E¹ ut uidetur, J —* istuc *J ut uid. —* be-
bisti *J* bibiste *D¹ —* δε quid (qui *J*)... hominis *cf.* 769 — ε deties *E —*
ζ domi ego domi sum *Palmer —* EGO *ante* ECQ- *add. L. Havet —* etquid
— θ Statin *J —* ι here *J —* locutus esse (esse, *B*) — χ *aut elidendum* uah
aut delendum te — sos. *om.*ᵥ *D¹ —* negotii

syst.
troch.

AMPHITRVO

λ   Pestis te tenet.

SOSIA

Nam qur istuc

μ   dicis? equidem ualeo et saluus

ν   Sum recte, Amphitruo.

AMPHITRVO

Att ego faciam,

π   saluus domum si rediero iam,

ο   Vt minus ualeas et miser sis

ξ   hodie proinde ac meritus es.

troch.

585 Sequeresis, erum qui ludificas dictis delirantibus:

Qui quoniam erus quod imperauit neglexisti persequi,

Nunc uenis etiam ultro inrisum dominum: quae neque fieri

Possunt neque fando umquam accepit quisquam, profers,

carnufex:

Quoius ego hodie in tergum faxo ista expetant mendacia.

SOSIA

590 Amphitruo, miserrima istaec miseria est seruo bono,

Apud erum qui uera loquitur, si id ui uerum uincitur.

AMPHITRVO

Quo id, malum, pacto potis nam (mecum argumentis puta)

λ sos. *om. D¹* — quir *E* cur *J* — ν amphitrio *BD* amphytrio *EJ* — att
L. Havet (*cf.* att-at = --): Ate *E*, *B corr.* A₊₊ *B¹* At te *DJ, quod seruari
potest* — π iam: *olim Palmer in apparatu*

585 siss *B¹* sir *E* sic *J* — 588 carnufex *J* (?): carnifex — 589 Quoius
D (?): Quo uis — hodie *om. D¹* — tergo — expectant *EJ* — mendatia
BE — 590 Amphitrio *D* — Amphytryo *B* Amphitrio *EJ*

591 uerba — 592 *laudat Nonius s. u.* putare *p.* 369 *Merc.* — potis
L. Havet: potes *libri* putes *B²* potest *Nonius* — meum *Nonius* — argu-
mentiis *uel* -tus *pars librorum Nonii* putat *uel* putet *Nonii libri*

Fieri nunc ut tu *in uia* hic sis et domi? id dici uolo.

SOSIA

Sum profecto et hic et ill*i*: hoc cuiuis mirari licet,
595 Neque tibi istuc mirum *mirum* magis uidetur quam mihi.

AMPHITRVO

Quo modo?

SOSIA

Nihilo, inquam, mirum magis tibi *est hoc* quam mihi:
Neque, ita me di ament, credebam primo mihimet Sosiae,
Donec Sosia ille ego *ego*met fecit sibi uti crederem.
Ordine omnem *rem*, ut quicque actum est, dum apud
hostis sedimus,
600 Edissertauit: tum formam un*a* abstulit cum nomine.
Neque lac lact*is* magis est simile quam ille ego similest mei.
Nam ut dudum ante lucem a portu me praemisisti domum...

AMPHITRVO

Quid igitur?

SOSIA

prius multo ante aedis stabam quam illo adueneram.

AMPHITRVO

Quas, malum, nugas? satin tu sanus es?

SOSIA
Sic sum ut uides.

593 in uia hic *L. Havet:* hic *libri cf.* 562 hic simul *Schoell* — 594 illic
— cum uis *ut uidetur B*[1] — 595 Neque: Nec uero *Leo* Atque *Bentley*
Plaut. Emend. p. 197 — mirum mirum: mirum *libri* hilo mirum
Palmer nihilo mirum *Bentley* — 596 nilo *Goetz et Schoell* 1893 — est
hoc *L. Havet:* istuc (istuc 595 = *quod dicis*, hoc 596 = *quod dico*) —
597 di, *B* dii *J* — 598 ille: me ille *Goetz et Schoell* 1893 — ego egomet
L. Havet: egomet *libri* egŏ me *uel* egŏ memet *Redslob Neue philol.*
Rundschau 1892 *p.* 6 *cf. Kaempf de pronominum etc. p.* 24 — 599 Ordinem omnem *D* Ordine omne *BEJ* Ordine omnia *Palmer* — rem *add.*
— uti *Leo* — et *post* rem *add. Gohin* — quicunque *E* — cernimus
Palmer in apparatu — 600 una *E*[3]: unam
601 lacti — simile est *libri* similist *Leo* — 604 satine *Bentley Plaut.*

troch.

AMPHITRVO

Huic homini nescioquid est mali mala obiectum manu
Postquam a me abiit.

SOSIA

Fateor: nam sum obtusus pugnis pessume.

AMPHITRVO

607 Quis te uerberauit?

SOSIA

Egomet memet, qui nunc sum domi.

607ª *AMPHITRVO* .... *SOSIA* ....

AMPHITRVO

608 Caue quicquam, nisi quod rogabo te, mihi responderis.
Omnium primum iste qui sit Sosia, hoc dici uolo.

SOSIA

Tuus est seruus.

AMPHITRVO

Mihi quidem uno te plus etiam est quam uolo,
Neque, postquam sum natus, habui nisi te seruum Sosiam.

SOSIA

At ego nunc, Amphitruo, dico: Sosiam seruum tuum

Emend. p. 197 — es: est *DE* — 607 uerberabit *B*¹ — 607ª *lacunam
indicauit Ribbeck Rhein. Mus.* 1883 *p.* 453 — 608 quicquam: quam *D*¹
— 609 diu *EJ*
611 sum *om. D* — 612 nunc *om. D* — amphitrio *BDE* amphytrio *J*

troch.

Praeter me alterum, inquam, adueniens faciam ut offen-
    das domi,
Dauo prognatum patre eodem quo ego sum; forma, aetate
    item
615 Qua ego sum. Quid opust uerbis? geminus Sosia hic
    factust tibi.

AMPHITRVO

Nimia memoras mira. Sed uidistin uxorem meam?

SOSIA

Quin intro ire in aedis numquam licitum est.

AMPHITRVO
                     Quis te prohibuit?

SOSIA

Sosia ille, quem iam dudum dico, is qui me contudit.

AMPHITRVO
Quis istic Sosia est?

SOSIA

    Ego, inquam. Quotiens dicendum est [tibi]?

AMPHITRVO

620 Sed quid ais? Num obdormiuisti dudum?

SOSIA
                Nusquam gentium.

— duo *D¹* — 613 Preter *BE* — fatiam *B* — 614 Dauo *D²J* (?): dabo —
pregnatum — etate *BE* — idem *D¹* — 615 quid *J*: quod — opus est —
factus est — 616 *laudat Nonius p.* 521 *Merc. s. u.* mira — uidisti *Nonii
libri praeter aliquot codices excerptorum* — 617 Quin: Quoine *Gertz
cf.* 697 — 618 SOSIA: IS *E* — 619 Quis *B²*: Quid — tibi: *om. DEJ idem
Palmer in apparatu fortasse recte* — 620 dudum: dudu *D* Susum
Ribbeck Rhein. Museum 1883 *p.* 451

AMPHITRVO

Ibi forte istum si uidisses quendam in somnis Sosiam.

SOSIA

Non soleo ego somniculose eri *indu*peria persequi.
Vigilans uidi, uigilans *prope* nunc uideo, uigilans fabulor,
Vigilantem ille me iamdudum uigilans pugnis contudit.

AMPHITRVO

625 Quis homo?

SOSIA

Sosia, inquam, ego ille. Quaeso, nonne intellegis?

AMPHITRVO

Qui, malum, intellegere quisquam potis est? ita nugas
blateis.

SOSIA

Verum actutum nosces; *t*uom illum nosces, seruum Sosiam.

AMPHITRVO

Sequere hac igitur me: nam mihi istuc primum exquisito
est opus.

622 *laudat Osbernus p.* 549 — somniculose *laudat gloss. Pl. cf. Ritschl
Op. II p.* 236, 272 — ego soleo *Weidner* — induperia *ut in tragici parodia L. Havet:* imperia — sequi *Osbernus* — 623 prope *add. L. Havet*
— ut uigilans te nunc *Hasper ap. Seyffert Jahresb. XLVII p.* 72 — ut
uideo *Schoell* — facta fabulor *Leo* — 626 *laudant Nonius p.* 44 *Merc.
s. u.* blatis, *Osbernus p.* 68 *s. u.* blatis (*cf. idem p.* 379) — nugas: nau-
gas *uel* naugias *uel* nagis *Nonii libri* nugis *Palmer operarum culpa?*
— blateis *L. Havet:* blattis *libri* blatis *Nonius, Osbernus; « it is uncer-
tain whether the present is* blato *or* blatio » *Palmer sed cf.* gannire hin-
nire uagire *alia* — 627 actuum *B*[1] — tuom *L. Havet:* quam *libri* (inquam *J*) — nosces. AMPH. Quem illum? sos. Nosces, inquam, Sosiam
Ribbeck Rhein. Museum 1883 *p.* 451 nosces quom illum nosces *Seyffert
phil. Anz. XIII* nosces nequam illum apud nos seruum *Schoell* —
628 hanc *E* ac *J* — mihi: mi *Leo* — de 629-31 *dubitat Langen Plaut.*

troch.

Sed uide, ex naui efferuntur quae imperaui iam omnia.

SOSIA

630 Et memor sum et diligens, ut quae imperes compareant:
Non ego cum uino simitu ibi ebibi imperium tuum.

AMPHITRVO

Vtinam di faxint, infecta dicta re eueniant tua.

ALCVMENA ET EIDEM   .C.

bacch.

ALCVMENA

Satin parua res est
        uoluptatum in uita atque in aetate agunda,
Praequam quod molestum est?
        ita usque est in aetate hominum comparatum,
635 Ita est dis complacitum,
        uoluptatem ut maeror comes consequatur;
Quin incommodi plus
        malique ilico adfit, boni si optigit quid.

Stud. p. 237-8 — efferuntur *L. Havet:* efferantur; *conspiciens scilicet pueros ad eos uadit* AMPH. *cum* SOS., *quo fit ut nondum in domum intro eat neque ante u.* 664 *conspiciat Alcumenam; fortasse post* 629 *intercidit uersus* — imperaui iam *Bentley Plaut. Emend. p.* 197 : iam imperaui — 630 que *B*
    631 *laudat Nonius p.* 175 *Merc. s. u.* simitu — simitu *habet gloss. Plaut. cf. Ritschl Op. II p.* 236, 258 — ibi *add. L. Havet* — interbibi *Palmer in app.* — 632 ret — ALCVMENA ET EIDEM *E:* ALCVMENA ET IDEM AMPH. ET SOS. *B* ALCVMENA. AMPHYTRIO *J om. spat. rel. D* ALC- MVLIER. THESSALA ANCILLA. AMPH- DVX. SOS- SERVOS *Goetz et Schoell* 1893 — .C. (= *canticum*) *E:* om. — 633 atin *c. spat. D* atui (?) *E c. spat.* — 634 Prequam *BJ* — usque *L. Havet* cuique (*an* cumque?) — est in aetate hominum comparatum : comparatum est in aetate hominum *cf.* in hominum aetate 938 — homonum *Leo colo iambico duo bacch. subiciens* — 635 est dis complacitum *L. Havet duce Hermann:* dis est placitum *libri* — diuis *Leo* — uoluptatiem *E¹* — uoluptataem *J* — maeror *D:* meror — 636 incommodum *D¹* incommodi ut *Palmer* — adfit (*uerbum sane nouum*) *L. Havet* adsit *libri* aderit *Leo in apparatu* — doni *EJ* — quid *D¹B²:* quod

bacch.

Nam ego id nunc experior

　　　　　domi atque ipsa de me scio, cui uoluptas
Parumper datast, dum

　　　　　　uiri *data* mei mihi potestas uidendi,
Noctem unam modo, atque is

　　　　　repente abiit a me *mane* hinc ante lucem.
Sola hic mihi nunc uideor,

　　　　quia ille hinc abest *ego* quem amo praeter omnes.
641*Plus aegri ex *tali* habitu

bacch.　　　　　　uiri quam ex aduentu uoluptatis cepi.
642-653

ϰ	Sed hoc me beat saltem, quom perduellis
β	Vicit et domum laudis compos reuenit.
γ	Id solacio est: absit dum laude parta
δ	Domum recipiat se; feram et perferam usque *hoc;*
ε	Abitum eius *feram* animo forti atque offirmato.
ζ	Satis mihi esse ducam, id modo si mercedis
η	Datur mihi ut meus uictor uir belli clueat.
θ	Virtus praemium est optimum, *nam uirtute*
ϰ	Libertas, salus, uita, res, *patria et uxor,*
λ	Prognati et parentes tutantur, seruantur.

637 domo — 638 *deleto in fine* fuit *add.* data *L. Havet* — uidendi
(uiuendi *B¹E*) fuit — 639 me *in lit. D* — abiuit *Leo Rh. Mus.* 1883 *p.* 23
post Fleckeisen — mane *add. L. Havet* dudum *Palmer* — 640 mi *Leo* —
nunc *om. B¹* — ego quem *L. Havet*: quem ego *cf. Kaempf de pronom. etc.*
　641-653 *uersus sic composuit L. Havet cum in libris hi sint*: Plus...
beat (641-α), Saltem... solatio est absit (αβγ), Dum modo... usque (γδ)
[*EJ*: Saltem... solatio est, Absit dum modo usque], Abitum... offirmato
id modo si mercedis (εζ), Datur... clueat satis (ηζ), Mihi esse ducam
uirtus... optimum (ζθ), ι, Libertas... prognati (ϰλ), Tutantur seruantur
(λ), μ — 641 Aegri plus *Leo in apparatu* — ex tali habitu *Ribbeck*
p. 451: exaltabitu *D* ex habitu *E* ex abitu *BJ* — quem *B¹* — coepi
(caepi *E*) — α quam — perduellis *D¹*: perduelles — γ solatio — dum:
dum modo *ex* ζ — δ hoc *et* ε feram *add. L. Havet* — ε Abitum *Palmer*
— offormato *D¹* — ζ ducam *BD¹* dicam *D²EJ* — si mercedis (mercedis
D²): si mercedes *BE* est mercedes *D¹ om. J* mercedei *Palmer in app.*
— η clueat *B²*: redeat *B¹* ducat *D¹* (ut edat *D²*) reducat *EJ* — θ nam
uirtute *add. L. Havet* praemiorum *Onions Journ. of Philol.* 1885 *n°* 27
— praemium unum optumumst optumorum (*uel* praemiumst optumum
unum optumorum) *Redslob Neue phil. Rundschau* 1892 *p.* 7 (*cf.* 677) —
ϰλιμ *uersus suspectos hab. Ribbeck Rh. Mus.* 38 *p.* 452 — ι ante id *D¹E*
— ϰλ patria et [uxor], progn. et par. *L. Havet*: et parentes patria et
prognati — ϰ patria: patria hac *Palmer* — μ ei *add. L. Havet*

bacch.

ι   Virtus omnibus rebus anteit profecto;

μ   Virtus omnia in sese habet; omnia adsunt

                      bona *ei* quem penest uirtus.

troch.
AMPHITRVO

Edepol me uxori exoptatum credo aduenturum domum,

Quae me amat, quam contra amo: praesertim rē gesta

     bene,

656 Victis hostibus, quos nemo posse superari ratust.

658 Certe enim me illi expectatum optato uenturum scio.

SOSIA

Quid me? non rere expectatum amicae uenturum meae?

ALCVMENA

Meus uir hic quidem est.

AMPHITRVO

Sequere hac tu me.

ALCVMENA

            Nam quid ill*im* reuortitur

Qui dudum properare *se* a*i*bat? an ille me temptat sciens

Atque id sic uult experiri, suum *a*bitum ut desiderem?

Ecastor me*d* haud inuita se domum recipit suam.

657 Eos auspicio meo atque in*perio* primo co*i*tu uicimus.

657 del. L. Havet: u. ad 192 — inperio L. Havet: inductu libri (ex
196? nam fortasse interciderat -perio ante primo) ductu in Leo in app.
— coitu Leo in app.: coetu — 658 expeccatum D — optanti Gertz —
659 male uulgo post quid interpungitur — meae J: maee BD¹ mae E —
660 hiquidem Luchs Comm. pros. Pl. p. 12 — sequere hac tu me tribuit Alcumenae A. Mueller — tu hac G. Kaempf de pron. pers. usu et
coll. p. 26 — quid: qđ (= quod) B quidem E — illim L. Havet: ille
libri, del. Leo — 661 properare se: properare sese (sese pr. D¹) — aie-
bat — 662 sic L. Havet: si — abitum J (?): habitum — 663 me

troch.

SOSIA

Amphitr*u*o, redire ad nauem meliust nos.

AMPHITRVO

Qua gratia?

SOSIA

665 Quia domi daturus nemo est prandium aduenientibus.

AMPHITRVO

Qui tibi nunc istuc in mentem*st?*

SOSIA

Qui*a* enim sero aduenimus.

AMPHITRVO

Qui?

SOSIA

Quia Alcumenam ante aedis stare saturam intellego.

AMPHITRVO

Grauidam ego illa*nc* hic reliqui, quom *a*beo.

SOSIA

Ei, perii miser.

AMPHITRVO

Quid tibi est?

SOSIA

Ad aquam praebendam commodum adueni domum,

664 Amphitrio *BD* Amphytrio *EJ* — melius est — 665 nemo est: est nemo est *D¹* — 666 istuc nunc *D¹* — st: uenit — quia *F*: qui *cf.* 667 — 668 illam — quam — habeo — 669 commodum *B²*: *om.*

troch.

670 Decumo post mense, ut rationem ted inire intellego.

AMPHITRVO

Bono animo es.

SOSIA

Scin quam bono sim? si situlam ansa cepero
Numquam edepol tu mihi diuini creduis post hunc diem
Quicquam, ni ego illi puteo, si occepso, animam omnem
intertraxero.

AMPHITRVO

Sequere hac me modo. Alium ego isti re allegabo: ne time.

ALCVMENA

675 Magis nunc meum me officium facere, si huic eam aduer-
sum, arbitror.

AMPHITRVO

Amphitruo uxorem salutat laetus speratam suam,
Quam omnium Thebis uir unam esse optimam diiudicat

---

670 ted inire *L. Havet:* te dictare *libri* te agitare *Athenaeum* 1891
p. 275 — 671 bono *L. Havet:* bono animo — si: si₊ *B* — ansa *Palmer in
app.:* iam sa *D* iam *BEJ* — 672 diuini: diuini quicquam (quam *D¹*
quicquam₊₊ *J) cf.* 673 — creduis *DB²:* credius *B¹E* creditus *J* — 673
Quicquam *ex* 672 *add. L. Havet statuens repetitum fuisse primitus*
Numquam *pro* Quicquam *idque deletum* — ni... intertraxero *laudat
Nonius p.* 148 *Merc. s. u.* occepso, *p.* 233 *s. u.* anima, *p.* 410 *s. u.* tra-
here — ni *om. Nonii libri p.* 410 — sin *L. Müller (Nonius p.* 214 *in
app.)* — occepso *Nonius* (hoc cepsio *libri* hoo cepsto *L* hoc cepsitio *H¹
p.* 233): occepto — animo *EJ ex* 671 — 674 me: п̄ e (*uel* ne?) *D¹* п̄ *D²*
— re *D¹:* rei *cf.* fide 391 die 546 — alligabo — 675 me *add. L. Havet
duce Lindemann* — facere si: faceres *BDE* facerem si *J* — 676 *laudat
Nonius p.* 439 *Merc. s. u.* sperata — Amphitrio *BD* Amphytrio *EJ om.
Nonii libri post* in Amphitryone — salutat *B²J² cum Nonio* salutet

troch.

Quamque adeo *T*hebani ciue*s* uero rumiferant probam.
Valuistin usque? expectatun aduenio?

SOSIA

                                        Haud uidi magis
680 Expectatum: e*ni*m salutat magis haud qu*a*quam quam
        canem.

AMPHITRVO

Et quom te *uideo* et quo*m* pulchre plenam as*p*icio, gaudeo.

ALCVMENA

Obsecro, ecastor, quid tu me deridiculi gratia
Sic salutas atque appellas quasi dudum non uideris,
Quasi qui nunc primum recipias te domum huc ex hostibus?
685 Atque me nunc proinde as*pecta*s quasi multo post*r*euide*a*s.

AMPHITRVO

Immo equidem te nisi nunc hodie nusquam uidi gentium.

                ALCVMENA
Qur negas?

AMPHITRVO

    Quia uera didici dicere.

ALCVMENA

                            Haud aequum facit,

DEJ[1] (*et* *B*[1]?) — letus (lectus *Nonius*) — 678 *laudat Nonius p.* 166
Merc. s. u. rumiferare — quamquam *Nonii H* — adeo *B*[2]*D*[1] abeo
B[1]*D*[2]*EJ*[1] ideo *Nonius* — Thebani ciues *Abraham cf.* 376 *et fragm. X:*
ciues Thebani — uero rumiferant *Nonius:* uerorum mificant *B*[1] uero
(uerum *D*[1]) rumificant *D* uerorum mirificant *B*[2]*E* uero aliter uirorum
ificant rummificant *J* rumificant *Osbernus p.* 497 — 679 expectatum ne
D[1] expectatum *D*[2]*J* expectastim *E* — 680 Expectatun? *Leo* — *sic in-*
terpunxit Palmer — enim *L. Havet:* eum *libri* em *Leo* uirum *Nic-*
meyer philol. Wochenschrift 1883 *p.* 878 erum *Palmer in apparatu si*
seruetur quisquam *L. Havet:* quisquam
    681 uideo *Tailliart:* grauidam — quom: quom te — aspicio *J*(?):
ascipio — 682 deridiculi *B*[1] deriduculi *J* — 683 *cf. Querolus p.* 51
Peiper: etiam salutas, furcifer, quasi hodie me non uideris? — 684 Qua-
sique *Camerarius* — 685 aspectas *L. Havet:* appellas — reuideas *L.*
Havet: uideris — 687 Qur *E cf.* 581: Cur — aequum *J:* equum *BD* equm

Quid quod didicit id dediscit. An periclitamini
Quid animi habeam? sed quid huc uos reuortimini tam
    cito?
690 An te auspicium commoratum est an tempestas continet?
Qur non abiisti ad legiones, ita uti dudum dixeras?

AMPHITRVO

Dudum? quam dudum istuc factum est?

ALCVMENA

Temptas : *haut* dudu*m*, modo.

AMPHITRVO

Qui istuc potis est fieri, quaes*o*, ut dicis : *haut* dudum,
    modo?

ALCVMENA

Quin enim censes? te ut deludam contra, lusorem meum,
695 Qui nunc primum te aduenisse dicas, modo qui hinc abieris?

AMPHITRVO

Haec quidem deliramenta loquitur.

SOSIA

Paulisper mane,
Dum edormiscat unum somnum.

AMPHITRVO

Quaene uigilans somniat?

E — 688 detiscit D^1 — periclimini J^1 periclimtamini E^1 — 689 huc
uos: uos huc *Kaempf p.* 26 *pronuntiandum* reauortimini *cf.* 188 —
690 auspitium *BE* — contineit *Luchs*
   691 Qur *L. Havet:* Qui — abisti — ut — 692 istuc *om. D* — factum est
del. Bentley — haut *L. Havet:* iam *cf.* 693 — dudum: dudum pridem —
693 ques B^1 quaes *E* — haut *L. Havet:* iam *cf.* 692 — 695 habieris *B*
— 696 SOS.: ALC. (*om. J*) — 697 AMPH. *om. J* — unum: dudum *Athenaeum*

ALCVMENA

Equidem ecastor uigilo et uigilans id quod factum est
    fabulor :
Nam dudum ante lucem et istunc et te uidi.

AMPHITRVO

Quo in loco?

ALCVMENA

700 H*ic,* in aedibus ubi tu habitas.

· AMPHITRVO

Numquam fáctum est.

SOSIA

Non taces?
Quid, si e portu nauis huc nos dormientis detulit?

AMPHITRVO

E*ïia!* tu quoque adsentaris *nunc* huic?

SOSIA

Quid uis fieri?
Non tu scis, Bacchae bacchanti si uelis aduersarier,
Ex insana insaniorem facies, feriet s*ae*pius :
705 Si obsequar*e,* una resoluas plaga?

AMPHITRVO

At pol qui certa res

1891 *p.* 275 *cf.* 688, 691, 692, 693 — quae nunc *D* quae me *P. Schrader*
— somniet *EJ* — 700 Hci *B¹D* — edibus *BE* — in... habitas *cf.* 1080,
ubi libri tu ubi

  702 Eiia (= *tace*) *L. Havet:* Etiam — nunc *add. cf.* iam 798 (*ut*
etiam cogitare possis de Ei iam) — 703 bacche *B* — 704 faties *B* — se-
pius — 705 obsequar funa *BD¹E* obsequaris una *J*

troch.

Hanc est obiurgare, quae med hodie aduenientem domum
Noluerit salutare.

SOSIA

Inritabis crabrones.

AMPHITRVO
Tace. —

Alcumena, unum rogare te uolo.

ALCVMENA
Quiduis roga.

AMPHITRVO

Num tibi aut stultitia accessit aut superat superbia?

ALCVMENA

710 Qui istuc in mentemst tibi ex me, mi uir, percontarier?

AMPHITRVO

Quia salutare aduenientem me solebas antidhac,
Appellare itidem ut pudicae suos uiros quae sunt solent.
Eo more expertem te factam adueniens offendi domi.

ALCVMENA

Ecastor equidem te certo heri *nocte* aduenientem ilico
715 Et salutaui et ualuissesne usque exquisiui simul,

706 obuirgare B adiurgare EJ — me — 707 irritabis crabrones
laudat Nonius p. 31 *Merc. s. u.* irritare — initabis D¹ irr- J — cra-
bones BE¹ — 708 roga : rogare roga — 709 Nunc — stulticia BJ stuticia
D¹ — 710 *laudat Nonius p.* 44 *Merc. s. u.* percontari — mente est — ex
me *Nonius : om. libri* me *Palmer in app.* — percontrarier EJ
    711 salutare : si salutare EJ — ante hac B¹J — 713 *laudat Nonius
p.* 359 *Merc. s.u.* offendere — Eo : o *Nonii* H¹PBGen. — expertem te :
experte *Nonii libri* — factum *Nonii* H¹PBGen. — offendi : tenebrosum
offendi *Nonii libri* (tenebrosum *ex sequentibus*) — 714 equidem B² :
quidem — heri : peregre *Palmer in app.* — nocte *add. L. Havet*

troch.

Mi uir, et manum prehendi et osculum tetuli tibi.

SOSIA

Tun heri hunc salutauisti?

ALCVMENA

Et te quoque etiam, Sosia.

SOSIA

Amphitruo, speraui ego istam tibi parturam filium:
Verum non est puero *praegnas.*

AMPHITRVO

Qui *praegnas?*

SOSIA

Insania.

ALCVMENA

720 Equidem sana sum et deos quaeso, ut salua pariam filium:
Verum tu malum magnum habebis, si hic suum officium
facit.
Ob istuc omen, ominator, capies quod te con*d*ecet.

SOSIA

Enimuero pr*a*egnati oportet *haut* malum *a*t malum dari,
Vt quod obrodat sit, animo si male esse occeperit.

716 praehendi *BD* — et *om. B*¹ — 717 ALC.: AMPH. *DE* — 718 Amphitrio *BD* Amphytrio *EJ* — parituram — 719 *laudat Seruius in Aen. IV.*
229 *sic:* uxor tua non puero sed peste grauida est (*ubi* grauis *codex
Floriacensis*) — puero praegnas *L. Havet commendante allitteratione:*
puero grauida *libri substituto ut uidetur glossemate* — qui praegnas
L. Havet: quid igitur *cf.* di- = pre- 572 (dicas = precaris), q- ig- tum
Palmer in app. — 720 sanu *D*¹ — queso *B*
722 ame nominator *BEJ* — concedet — 723 'pregnati *BE* pregnanti
DJ — haut malum at *non sine magna dubitatione L. Havet:* et malum

troch.

AMPHITRVO

725 Tu me heri hic uidisti?

ALCVMENA

Ego, inquam, si uis decies dici*er*.

AMPHITRVO

In somnis fortass*is?*

ALCVMENA

Immo uigilan*s.*

AMPHITRVO

Vae misero mihi.

SOSIA

Quid tibi est?

AMPHITRVO

Delirat uxo*r.*

SOSIA

Atra bili percita est:
Nulla res tam delirantis homines concinnat cito.

AMPHITRVO

Vbi primum tibi sensisti, mulier, impliciscier?

et *BDE* et *JD²* non màlum sed *Ribbeck Rhein. Mus.* 1883 *p.* 452 in
manum *Palmer in app.* — et màlum et maluam *Palmer p.* 204 — 725
dicere *BEJ* decero *D¹ in litura* — 726 fortasse *libri* forte *Leo* — uigilans: uigilans uigilantem *cf.* 624 — *an* In somnis fors? Immo uigilans
uigilis (*ut* disparis 549)? — uae: ei *Leo* — 727 delirat... est *laudat Nonius p.* 159 *Merc. s. u.* percitum (*de glossa* ut nostra colera *cf. L.
Mueller*) — delirat uxor *laudat Nonius p.* 18 *s. u.* delirare — atra...
est *laudat (ut uid.) Acron ad Hor. c. l* 13, 4 — dilarat *Nonii H¹ p.* 159
unde deleirat *L. Mueller;* delerat *Nonii W p.* 18 — 728 hominis *D*
ihomines *B* — 729 AMPH. *del. Ribbeck* — tibi: ted (*uel* te) ibi *Palmer*
— impliciscier *cf. glossas apud Loewe prodr. corp. glossar. p.* 258

ALCVMENA

730 Equidem ecastor sana et salua sum.

AMPHITRVO

Quor igitur praedicas
Te heri me uidisse, qui hac noctu in portum aduecti sumus?
Ibi cenaui atque ibi quieui in naui noctem perpetem
Neque meum *huc* pede*m* intuli etiam in aedis, ut cum
        exercitu
Hinc profectus sum ad Teleboas hostis, eosque ut uicimus.

ALCVMENA

735 Immo mecum cenauisti et mecum cubuisti.

AMPHITRVO

Quid *ais?*

ALCVMENA

Vera dico.

AMPHITRVO

Non *h*ac quidem hercle d*e* re: de aliis nescio.

ALCVMENA

Primulo diluculo ab*i*isti ad legiones.

AMPHITRVO

Quomodo?

SOSIA

Recte dicit ut commeminit: somnium narrat tibi.

---

731 *an me atque hunc uidisse? cf.* 699, 717 — 733 *pedem huc —*
734 *teloboas —* 735 *quid ais L. Havet:* quid id est *libri* id quid est *Leo;*
olim forlasse in uersus exitu omissum fuerat ais *uel casu abscissum —*
736 *hac quidem hercle de L. Havet (ut* de *post* cle *omissum sit):* de hac
quidem hercle — 737 abisti — 738 commeminit *B²:* comminit

troch.

Sed, mulier, postquam experrecta es, te prodigiali Ioui
740 Aut mola salsa hodie aut ture conprecatam oportuit.

ALCVMENA

Vae capiti tuo.

SOSIA

Meo? Tua istuc refert, si curaueris.

ALCVMENA

Iterum iam hic in me inclementer dicit, atque id sine malo.

AMPHITRVO

Tace tu. Tu dic: egone abs te abii hinc hodie cum diluculo?

ALCVMENA

Quis igitur nisi uos narrauit mihi illi ut fuerit proelium?

AMPHITRVO

745 An it iam tu scis?

ALCVMENA

Quippe qui ex te audiui, ut urbem maximam
Expugnaritis regemque Pterelam tute occideris.

739-740 laudat Nonius p. 44 Merc. s. u. prodigia — 739 te Nonius:
om. — es pr- iam Ioui Palmer in app. — 740 mola salsa: mosassa D¹
— hodie: hodie hodie D¹ — conpraecatam BD
741 Ve — meo add. L. Havet suspecto metro suspecta sententia et ne
istuc sensu careat — refert: crede erit Le Paulmier (Goetz-Loewe
p. XII) — 743 tu alt. om. D — hin B¹E — 744 proelium D: praelium
BE prelium J — 745 An: del. Palmer ah (uersui 744 tribuens)
Schoell p. XII — it iam L. Havet cf. 773: etiam (om. J) id (ul D¹)
— Expugnaritis L. Havet: expugnauisses

troch.

AMPHITRVO

Egone istuc dixi?

ALCVMENA

Tute istic, etiam adstante hoc Sosia.

AMPHITRVO

Audiuistin tu me narrare *hodie* h*uic?*

SOSIA

Vbi ego audiuerim?

AMPHITRVO

Hanc roga.

SOSIA

Me quidem praesente nunquam factum*st* quod sciam.

ALCVMENA

750 Mirum quin te aduersus dicat.

AMPHITRVO

Sosia, age me huc aspice.

SOSIA

Specto.

AMPHITRVO

Vera uolo loqui te, nolo adsentari mihi.

747 istud *D* — 748 hodie huic *L. Havet* (hodie haec *Fleckeisen*):
haec hodie *BD* hoc hodie *EJ* (*neque* haec *uel* hoc *ferri potest, neque de
Alcumena taceri debet*) — Audistin... hŏdie *Palmer* — 749 factus (factum *JD²*) est — 751 AMPH.: amphitrio *D¹*

troch.

Audiuistin tu hodie me illi dicere ea quae illa autumat?

SOSIA

Quaeso edepol, num tu quoque etiam insanis, quom id
     me interrogas?
Qui*n* sc*i*s, equidem nunc primum istanc tecum conspicio
     simul.

AMPHITRVO

755 Qui*d* nunc, mulier? audin illum?

ALCVMENA

Ego uero, ac falsum dic*ere*.

AMPHITRVO

Neque tu illi neque mihi uiro ipsi credis?

ALCVMENA

Eo fit, quia mihi
Plurimum credo et scio istaec facta proinde ut proloquor.

AMPHITRVO

Tun me heri aduenisse dicis?

ALCVMENA

Tun te abisse hodie hinc negas?

754 Quin scis equidem *L. Havet:* Qui ipsos (ipsus *B²D²* ipsius *J*)
equidem *libri* Qui pol equidem *uel* Qui pos reditum *Palmer; an* ipsos
ex correctione u. 755 *ortum* (QUI°NSCIS 754 *pro* QUI°NUNC 755?) —
istane *B¹* — conspitio *BE* — 755 Qui (Quin *J*) *cf. ad* 754 — 755-756
ego... credis *B²: om.* — dicere : dice *abscissa charta B²* — 757 credo
et: et credo et *D* — istaec *suspectum* (*an* esse haec?): ista hec *B* ista
et *EJD²* istat *D¹*? — proloquar *D¹* — 758 ALC. : AMPH. *D¹*

troch.

AMPHITRVO

Nego enimuero et me aduenire nunc primum aio ad te
domum.

ALCVMENA

760 Obsecro, etiamne hoc negabis, te auream pateram mihi
Dedisse dono hodie, qua te illi donatum esse dixeras?

AMPHITRVO

Neque edepol dedi neque dixi: uerum ita animatus fui
Itaque nunc sum, ut ea te patera donem. Sed quis istuc tibi
Dixit?

ALCVMENA

Ego equidem ex te audiui et ex tua accepi manu
765 Pateram.

AMPHITRVO

Mane, mane, obsecro te. — Nimis demiror, Sosia,
Qui illaec illi me donatum esse aurea patera sciat,
Nisi tu dudum hanc conuenisti et narrauisti haec omnia.

SOSIA

Neque edepol ego dixi neque istam uidi nisi tecum simul.

AMPHITRVO

Quid hoc sit hominis?

ALCVMENA

Vin proferri pateram?

AMPHITRVO

Proferri? uolo.

759 aduenire *B corr. D²J:* aduenere — 761 hodie dono *D* — 763 ea:
a *D¹* — 765 demiror *J²* (dimiror *D²*): demireor *D¹* demmnor *B¹* de-
mimor *E* deminor *J¹* demirnor *B²* — 766 illi *E:* illic — sciat: sicat
D¹ (*et B¹?*) — 768 nisi: ni *D¹* — 769 Quid hoc sit hominis *cf.* 576 —

troch.

ALCVMENA

770 Fiat. *I* tu, Thessala; intus pateram proferto foras,
Qua hodie meus *d*onauit uir me.

AMPHITRVO

Secede huc tu, Sòsia.
Enimuero illud praeter alia mira miror maxime,
Si haec habet pateram illam.

SOSIA

An *i*t iam credis? quae in hac cistellula
Tuo signo obsignata fertur.

AMPHITRVO

Saluum signum est?

SOSIA

Inspice.

AMPHITRVO

775 Recte: ita est ut obsignaui.

SOSIA

Quaeso, quin tu istanc iubes
Pro cerrita *i*am circumferri?

AMPHITRVO

Edepol qui facto est opus:

proferri? uolo *sic interpungit L. Havet* — 770 intus... foras: *cf.* intus
ecferri foras *Bacch.* 95 *et Charisius p.* 201 — i add. — proferto B²D²:
profecto — faras D¹
771 donauit uir *L. Havet:* uir donauit — tu *om.* D — 773 it iam credis *L. Havet cf.* 745: etiam credis id — id credis quae in hac cistula
Palmer, sed in hac *pyrrichius* — 774 Tua D¹ — 775-776 iube istam
(iube is *om.* L¹) ... circumferri *Nonius p.* 261 *Merc. s. u.* circumferre
— 775 Rectae B — 776 cerrita iam *L. Havet:* cerrita *libri* cerritam *No-*

troch.

Nam haec quidem edepol laruarum plenast.

ALCVMENA

Quid uerbis opust?

Em tibi pateram.

THESSALA

Eccam.

ALCVMENA

Cedo mi. — Age aspice huc sis nunciam
Tu, qui quae facta infitiare, quem ego iam hic conuincam
palam.
780 Estne haec patera, qua donatu's illi?

AMPHITRVO

Summe Iuppiter,
Quid ego uideo? Haec ea est profecto patera. Perii, Sosia.

SOSIA

Aut pol haec praestigiatrix multo mulier maxima est
Aut pateram hic inesse oportet.

AMPHITRVO

Agedum, exsolue cistulam.

SOSIA

Quid ego istam exsoluam? obsignatast recte. Res gesta
est bene:

nii libri — 777 laruarum: larum arum *E* larum harum *J* — plena
sunt *EJ* — ALC. *add.* — 778 THESSALA *add. Palmer ante* Em, *ante* eccam *L. Havet* — credo *EJ* — mihi — nunciam *DJ*: nuntiam — 781 ea:
aea *B*[1] — 782 mulier multo *DJ* — 783 exsolue *cf.* 784: eam (*an* eam
eam *J*, ea eam *E ?*) solue

troch.

785 Tu peperisti Amphitruonem *alium,* ego alium peperi
  Sosiam :
Nunc si pateram patera peperit, omnis congeminauimus.

AMPHITRVO

Certum est aperire atque inspicere.

SOSIA

      Vide sis signi quid siet,
Ne posterius in me culpam conferas.

AMPHITRVO

      Aperi modo.
Nam haec quidem nos delirantis facere dictis postulat.

ALCVMENA

790 Vnde haec igitur est, nisi abs te, quae mihi dono data est?

AMPHITRVO

Opus mi est istuc exquisito.

SOSIA

    Iuppiter, pro Iuppiter.

AMPHITRVO

Quid tibi est?

SOSIA

  Hic patera nulla in cistulast.

AMPHITRVO

      Quid ego audio?

785 amphitrionem *BD* amphytrionem *EJ* alium Amph- *Bentley Plaut. Emend. p.* 198 — alium ego alium: ego alium *libri* — 786 pateram patera *BE :* patera pateram *D* pateram *J* — omnis *nomin. plur.: cf.* aedis 955 — pariet... congeminabimur *Palmer p.* 211 — 787 uides si — 788 Ne: ALC. Ne *B¹D* Nec *E* — 790 abs te: abs te abs te *Leo* — *de interpunct. cf. Palmer p.* 211 — 791 mihi (tibi *E?*)

troch.

SOSIA

Id quod uerumst.

AMPHITRVO

At cum cruciatu *illa* nisi apparet tuo.

ALCVMENA

Haec quidem apparet.

AMPHITRVO

Quis igitur tibi dedit?

ALCVMENA

Qui me rogat.

SOSIA

795 Me captas, quia tute ab naui clanculum huc alia uia
Praecucurristi atque hinc pateram tute exemisti atque eam
Huic dedisti, post hoc rursus obsignasti clanculum.

AMPHITRVO

Ei mihi, iam tu quoque huius adiuuas insaniam? —
Ain heri nos aduenisse huc?

ALCVMENA

Aio, adueniensque i*l*ico
800 Me salutauisti et ego te et osculum tetuli tibi.

793 Id *del. Leo* — uerum est *J:* uerust — cum *D²J:* tum — cru-
tiatu *BD* — illa nisi (*uel* illa ni) *L. Havet cf.* haec 794: iam nisi (sam
nisi *D¹* iam nisi *B²D²*) — 794 qui: quis *B¹* — 796 precucurristi *BE*
— 797 post hoc *L. Havet:* posthac *libri* post hanc *Palmer* — rursum
— 798 *cf.* 702 — tu: tus *B¹* — 799 ilico *J* (?): illico

troch.

SOSIA

Iam illuc non placet principium de osculo.

AMPHITRVO

Perge exsequi.

ALCVMENA

Lauisti.

AMPHITRVO

Quid, postquam laui?

ALCVMENA

Accubuisti.

SOSIA

Euge, *euge*, optume.

Nunc exquire.

AMPHITRVO

Ne interpella. — Perge porro dicere.

ALCVMENA

Cena adposita est, cenauisti mecum, ego accubui simul.

AMPHITRVO

805 In eodem lecto?

ALCVMENA

In eodem.

SOSIA

Ei*a* : non placet conuiuium.

801 sos. : AMPH. — AMPH. *add.* — de *in lit.* B — pergam *cf.* 803 —
802 euge *add.* — optume J (?): optime — 805 lectod *Palmer in app.*

truch.

AMPHITRVO

Sine modo argumenta dicat. Quid, postquam cenauimus?

ALCVMENA

Te dormitare aïbas, mensa ablata est, cubitum hinc abiïmus.

AMPHITRVO

Vbi tu cubuisti?

ALCVMENA

In eodem *una* lecto te*cum* in cubiculo.

AMPHITRVO

Perdidisti.

SOSIA

Quid tibi est?

AMPHITRVO

Haec me modo ad mortem dedit.

ALCVMENA

810 Quinam, amabo?

AMPHITRVO

Ne me appella.

SOSIA

Quid tibi est?

AMPHITRVO

Perii miser

— Eia (= *tace.* cf. sine … dicat 806) *L. Havet:* ei — 806 dicit *B¹D* — quam *om. D¹* — 807 aiebas *B²D²J* aiabas *B¹* alebas *D¹* alaebas *E* — abimus — 808 una lecto tecum *L. Havet:* lecto tecum una *libri* (lecto *om. E*) — tecum una in eodem lecto *Leo in apparatu* — 810 Quid iam — ambo *EJ¹*.

troch.

Quia pudicitiae huius uitium me hinc absente est additum.

ALCVMENA

Obsccro ecastor, cur istuc, mi uir, ex te *hodie* audio?

AMPHITRVO

Vir ego tuus sim? ne me appella, fals*a*, falso nomine.

SOSIA

Haerct haec res si quidem h*ic* iam mulier fact*u*st ex uiro.

ALCVMENA

815 Quid cgo feci, qua istaec propter dicta dicantur mihi?

AMPHITRVO

Tute'edictas facta : *mi* ex me qu*a*eris quid deliqueris?

ALCVMENA

Quid ego tibi deliqui, si cui nupta sum tccum fui?

AMPHITRVO

Tune mecum fueris? Quid illac inpudentc audacius?
Saltem tute si pudoris egeas, sumas mutuum.

811 pudititiae *B* pudiciae *J¹* pudiciciae *D* — hic — 812 hodie *add.*
L. Havet ut argumento fabulae conueniens — 813 sum *D¹J* — falsa
falso *D²* : falso falso — momine *B* — 814 Haecet *B¹* — hic... factust :
haec... facta est — iam *om. D¹* — iam hercle mulier *Schoell coll.*
Trucul. 134 (*G.-L. p.* XII) — 815 qua : quam *D* quia *J* — 816 tute ... tua
laudat Osbernus p. 158 (*A. Mai class. auct. uol.* VIII) *s. u.* edicto —
edocta's *Palmer in app.* — mi *L. Havet cf.* tibi 817 : tua — me *om. D¹*
— quaeris *E :* queris — deloqueris *D¹* — 817 delique***** *B¹* — 818
Tume *E¹J¹* — illa *Goetz et Schoell* 1892 : *an codicum lectio ?* — inpu-
denti *Fleckeisen* — audacius *J :* audatius.

ALCVMENA

820 Istuc facinus, quod tu insimulas, nostro generi non decet.
Tu si me inpudici *facti* capere captas, non potes.

AMPHITRVO

Pro di inmortalis. — Cognoscin tu me saltem, Sosia?

SOSIA

Propemodum.

AMPHITRVO

Cenauin ego heri in naui in Portu Persico?

ALCVMENA

824 Mihi quoque adsunt testes qui illud quod ego dicam
adsentiant.

AMPHITRVO

830 Nescio quis praestigiator hanc frustratur mulierem.

SOSIA

825 Nescio quid istuc negoti dicam, nisi si quispiam est
Amphitruo alius forte, te hinc absente *qui sine te* tamen
Tuam rem curet teque absente hic munus fungatur tuum.

---

821 Tu si : Tus *B*[1] — inpudici facti *L. Havet :* inpudicitiae — potest
B — capere *post* facti *L. Havet, post* potes *libri* — 822 sosia saltem *EJ*
— 824 ALC. : SOS. — 824-825: *inter hos uersus inseri debebat* 830, *in-*
seruit Pius uersus apocryphos tres (*cf. Hennig de Nonii locis Plau-*
tinis p. 38) — 825 SOS. *add.* — istuc : *secundae personae demonstra-*
tiuum — negocii *BJ* negotii *DE* —; 826 Amphytrio *BEJ* Amphitrio *D*
— forte, te hinc absente qui sine te *L. Havet :* qui forte te hic absente
libri (tet hic absende *J*) heic absente te *ille quem sequitur Naudet* hic
qui forte ted hinc absentei *Leo* qui forte ted hinc absenti *J. Vahlen*
Hermes XVII — 827 absenti *Vahlen*

troch.

Certe de illo subditiuo Sosia mirum nimist :
829 *Numqui* de istoc Amphitr*uo*ne iam alter*o* mirum est magis?

ALCVMENA

831 Per supremi regis regnum iuro et matrem familias
Iunonem, quam me uereri et metuere est par max*u*me,
Vt mihi extra unum te mortalis nemo corpus corpore
Contigit, quo me impudicam faceret.

AMPHITRVO

Vera istaec uelim.

ALCVMENA

Vera dico, sed nequiquam, quoniam non uis credere.

AMPHITRVO

Mulier es, audacter iuras.

ALCVMENA

Quae non deliquit, decet
Audacem esse, confidenter pro se et proterue loqui.

828 Certe *ante* de *L. Havet :* Namque cf. 829 — nimis est — *post
uersum ex* 829-828 *contaminatum* Numqui de istoc... *restituit corrector
ut uid. frustula* Certe et de illo...; *ea frustula in nouum uersum coalue-
runt eodemque in loco insertus est uersus ante* 825 *omissus* Nescio... —
829 AMPH. *D —* Numqui *ante* de *L. Havet:* Certe cf. 828 — istoc : *secundae personae demonstratiuum —* amphitrione *BD* amphytrione *EJ*
— altero *Leo :* alterum — est mirum *D —* 830 *transp. L. Havet —*
AMPH. : *om. —* frustratust *Leo*
    831 supremo *D¹ —* 832 maxime *BJ —* 836-837 quae... loqui *laudat
Nonius p.* 262 *Merc. s. u.* confidentia — 836 delinquit *Nonius ; « etiam*
delinquit *perfectum » L. Mueller —* 837 confidenter pro : confidenter
consternari significat deici pro *Nonii libri, tribus aliunde admissis
uocibus —* esse : *an* esse et? — propterue *D, Nonii B¹ teste Hagen,
quod defendit Bergk (kleine philologische Schriften I p.* 381)

troch.

AMPHITRVO

838ª Satis audacter.

ALCVMENA

Vt pudicam decet.

AMPHITRVO

Vt. . . . . . .

ALCVMENA

838ᵇ . . . .

AMPHITRVO

Verbis proba's.

ALCVMENA

Non ego illam mihi dotem duco cesse quae dos dicitur,
Sed pudicitiam et pudorem et sedatum cupidinem,
Deum metum, parentum amorem et cognatum concordiam,
Tibi morigera atque ut munifica sim bonis, prosim probis.

SOSIA

Ne ista edepol, si haec uera loquitur, examussim est optima.

838 *uno uersu libri* AMPH. Satis audacter ALC. ut pudicam decet AMPH.
In uerbis proba's; *duos uersus constit.* L. Havet; *lacunam (quam post*
838 *indicat Ribbeck Rheinisches Museum XXXIII p.* 452) *hoc fere modo*
expleas AMPH. Vt [dotatae licet. ALC. Dote non confido; factis freta sum.
AMPH.] Verbis proba's. — enim uerbis proba's *Palmer; olim* I, uerbis
inproba's *Palmer Hermath. IV* (1883) *p.* 243 — 839 cesse (= cessisse)
L. *Havet commendante allitteratione :* esse — 840 pudiciciam BD
    842 munifica sim J (?) : munificas in — 843 si... optima *laudat No-*
nius p. 9 *s. u.* examussim — examussim est optima *laudat Charisius*
p. 198 *ut Sisennae lectum* — [ex]amussim *habet glossarium Plaut.*
(*Ritschl Opusc. II p.* 236, 272) *cf. Placidus p.* 37, 13 *Deuerling* — haec
uera loquitur examussim : uera haec loquitur haec amussim (amusi
II¹) *Nonii libri*; uera loquitur, haec amussim *Onions, Journal of Philo-*
logy 1885 *p.* 54 (examussim *cum libris Plauti Charisius, Nonii Bamb* ;
amussim *glossarii libri; per unam* s *persaepe* amusis, examussim

troch.

AMPHITRVO

Delenitus sum profecto ita ut me qui sim nesciam.

SOSIA

845 Amphitrvo es profecto : caue sis ne tu te usu perduis :
Ita nunc homines inmutantur, postquam peregre aduenimus.

AMPHITRVO

Mulier, istanc rem inquisitam certum est non amittere.

ALCVMENA

Edepol me libente facies.

AMPHITRVO

Quid ais, responde mihi ?
Quid, si adduco tuum cognatum huc *mecum ab* naui Naucratam,
850 Qui mecum una uectust una naui, atque is si denegat
Facta, quae tu facta dicis, quid tibi aequum est fieri ?
Numquid causam dicis quin te hoc multem matrimonio ?

ALCVMENA

Si deliqui, nulla causa est.

AMPHITRVO

Conuenit. Tu, Sosia,
Duc hos intro. Ego huc ab naui mecum adducam Naucratam.

grammaticorum nostrorum et aliorum libri) — 844 *laudat Nonius
p.* 278 *s. u.* delenitus — delenitus sum *Nonius :* delinitus sum (elinitus
sum B *in litura*) — 845 *laudat Nonius p.* 453 *s. u.* usu — Amphitrio *BD*
Amphytrio *EJ om. Nonii libri post* amphitryone — est *Nonii libri* —
tu te: tu *uel* te tu *Nonii H*[1] — 847 istanc *B*[2]: istam — 849 mecum *add.
Tailliart cf.* 854 — nunc *add. Palmer in app.* — ab *cf.* 854: a —
naucratem *B*[2]*D*[2] — 850 Quid *D* — uectus (uetus B[1] uictus D[1]) est
852 causae *Palmer in app.* — hoc *del. Palmer in app.* — 854 addu-

troch.

SOSIA

855 Nunc quidem praeter nos nemo est : dic mihi uerum serio.
Ecquis alius Sosia intust, qui mei similis siet?

ALCVMENA

Abin hinc a me, dignus domino seruus?

SOSIA

Abeo, si iubes.

ALCVMENA

Nimis ecastor facinus mirum est, qui illi conlubitum siet
Meo uiro sic me insimulare falso facinus tam malum.
860 Quicquid est, iam ex Naucrata cognato id cognoscam meo.

IVPPITER   .DV.

sen.

Ego sum ille Amphitruo, cui est seruus Sosia
Idem Mercurius qui fit quando commodumst,
In superiore qui habito cenaculo,
Qui interdum fio Iuppiter, quando lubet.
865 Huc autem quom extemplo aduentum adporto, ilico

cam J : abducam — Naucratam L. Havet cf. 849, 860 : naucratem
— 855 laudat Nonius p. 33 Merc. s. u. serium — preter B — utrum D
— 856 mei D²J (?) : meis, om. D¹ (an hic, qui meis = mis?) — 858-859
suspectum illi (« rather strangely » Palmer), suspectum insimulare aliquem facinus — 858 fatinus D — conlitum (conlibitum D²) — 859
falsum — fatinus D — 860 naucrata L. Havet : naucrate cf. 849 —
meo : modo D¹
    861 incipit actus III — IVPPITER : spat. D IVPP- DEVS Goetz et
Schoell 1893 — DV (= DEVERBIVM) E : om. — 861 amphitrio BD amphytrio EJ — cui est : cuius est E cuius J quoieist Leo — 862 Id est B¹? —
sit EJ — commodumst D¹? commodust (commodum est D²J) — 863 laudat Acron ad Hor. s. I 5,103 — habita D¹ — 865-872 et 880-881 interpolatori tribuit von Wilamowitz — 865 quam E³ : quo — exemplo D¹J —

sen.

Amphitr*u*o fio et uestitum inmuto meum.
Nunc huc honoris uestri uenio gratia
Vt hanc inco*h*atam transigam com*o*ediam.
Simul Alcumenae, quam uir insontem probri
870 Amphitr*u*o accusat, ueni ut auxil*i*um feram :
Nam mea sit culpa, quod egomet contraxerim,
Si id Alcumenae in *i*nnocenti*am* expetat.
Nunc Amphitr*u*onem memet, ut occepi semel,
Esse adsimulabo *usque,* atque in horum familiam
875 Frustrationem *usque* hodie iniciam maxumam:
Post igitur demum faciam res fiat palam,
Atque Alcumenae in tempore auxilium feram
Faciamque u̧t uno fetu et quod grauida est uiro
Et me quod grauidast pariat sine doloribus.
880 Mercurium iussi me continuo consequi,
Siquid uellem imperare. Nunc hanc àdloquar.

ALCVMENA. IVPPITER

ALCVMENA

sen.

Durare nequeo in aedibus. Ita me probri,
Stupri, dedecoris a uiro argutam meo.

adperto *D*¹ aduorto *Redslob neue phil. Rundschau* 1892 *p.* 7 — 866
Amphitrio *BD* Amphytrio *EJ* — 868 Vt *L. Havet:* Ne — incoatam (in-
chatam *E*¹ inchoatam *E*²*J*) — comediam — 870 Amphitrio *DE* Amphytrio *BJ* — auxillum *BD*
872 in (*cf.* 495, 589) innocentiam *L. Havet :* innocenti *libri* innocenti si *Palmer ; abstractum Phaedri more pro concreto ut Merc.* 997,
Poen. 1199, *Mil.* 542, *Rud.* 693 — 873 amphitrionem *BDE* amphytrionem *J* — occepi ut *Palmer* — 874 adsimulauero *Palmer* — usque
add. L. Havet cf. Post... demum 876, in tempore 877 — 875 usque
add. L. Havet (usque hodie *ut saepe* numquam hodie ; *neque hic per se*
hodie *sensum habet*) — Frustrationes... maxumas *Bentley* — initium
BE — 877 alcumaene *B* — in tempore : temperi *Abraham Stud. Plaut.*
p. 202 — 881 adloquor *D*¹
ALCVMENA IVPPITER: *spat. D* ALC· MVLIER. IVPP· DEVS *Goetz*
et Schoell 1893 — 882 ALC. *om. BD* — Dumre *B* urare *c. spat. DE* —
nequaeo *B* — ita : sic *Braune obs. gramm. p.* 12 — 883 *laudat Nonius*

sen.

Ea quae sunt facta infecta *ut reddat* clamitat,
885 Quae neque sunt facta neque ego in me admisi arguit
Atque id me susque deque esse habituram putat.
Non edepol faciam neque me perpetiar probri
Falso insimulatam, quin ego illum aut deseram
Aut *f*aciat satis m*i* ille atque a*d*iuret insuper
890 Nolle esse dicta quae in me insontem protulit.

IVPPITER

Faciundum est mihi illud fieri quod illaec postulat,
Si me illam amentem ad sese studeam recipere,
Quando ego quod feci factum id *matronae* obfuit
Atque ill*ae* dudum meus amor negotium
Insonti exhibuit, nunc autem insonti mihi
896ᵃ Illius ira   _ _ ᵕ _ ᵕ _ ᵕ _
896ᵇ ᵕ _ ᵕ _ ᵕ   _ ᵕ _ ᵕ _ *uiri*
896ᶜ *Suspicioque* in hanc et maledicta expetent.

ALCVMENA

E*i* eccum uideo *uirum* qui me miseram arguit

p. 456 *Merc. s. u.* stuprum — arguta *Nonius* — 884 infecta ut reddat
clamitat *Leo :* infectare (infactare *J*) est (*om. J*) at clamitat (adclamitat
E acclamitat *D²J* atque clamitat D¹) *libri* infecta testat clamitat *Palmer*
— 886 Adque *BD* — susque deque *glossarium Plaut., Ritschl Op. II
p.* 236, 272 — 887 Ne *EJ* (*sic* Ne edepol *J* 913, *contra* Non ego *EJ* 305)
— 888-889 deseram aut Satis faciat *Leo in app.* — 889 satisfaciat (satis-
fatiat) *BE* — mihi — at iuret *BD* — 890 Nolli *D¹* —. Nolle esse : Se
nolle *Palmer in app.*
   892-896 « *scripta non ad Plautinam simplicitatem* » *Leo* — 892 illum
D¹ — amentem *Palmer :* amantem — 893 matronae *L. Havet* (MA ⫽ AM):
amphitrioni (amphytrioni *J*); *maritum numquam respicit Iuppiter* (*cf.*
1135) *neque uero respiciendus est* (*cf.* 1124), *at nuptae mulieri et dile-
ctissimae parcitur* (870, 492) — obfuit *J*: olfuit *D¹* offuit *D²BE* —
894 ille (*om. J*) — 896 *lacunam suspicatur L. Havet qui exempli causa*
uiri Suspicioque *add.* — hac *J¹* madicta *B¹* maledicti *E* — 897 Et —
uirum qui *L. Havet :* qui *libri* modo qui *Redslob neue philologische
Rundschau* 1892 *p.* 7 — 897-98 *uerba* qui ... dedecoris *Friderico Leo*

sen.

Stupri, dedecoris.

IVPPITER

Te uolo, uxor, conloqui.
Quo te auertisti ?

ALCVMENA

Ita *ingeni* ingenium meum est :
900 Inimicos semper osa sum optuerier.

IVPPITER

Heia autem ·: inimicos ?

ALCVMENA

Sic est, uera praedico.
Nisi etiam hoc falso dici insimulaturus es.

IVPPITER

Nimis *eira*cunda es.

ALCVMENA

Poti*n* ut abstineas manum ?
Nam certo si sis sanus aut sapias satis,
905 Quam tu inpudicam esse arbitrere et praedices,

displicent cf. 883 — 898-900 *cf. Vahlen Sitzungsberichte der kgl. Ak. zu Berlin* 1883 *p.* 89 — 899 Quor quaeso te *Leo* — ingeni *add. Seyffert phil. Anzeiger XIII* (1883) *p.* 354 *cf. Stich.* 126 — 899-900 ita ... sum *laudat Osbernus p.* 388 *sic* : iustum est iudicium meum inimicos meos osa sum — 900 *laudant propter* osa *Priscianus XI* 19 *Nonius p.* 148 *Merc.*

901-903 sic est..... uerecunda es *laudat Nonius p.* 183 *Merc. s. u.* uerecundum — prodico *B¹*? — 902 diti *B* — insimilaturus *Plauti libri* simulaturus *Nonii H¹* — est *Nonii libri* — 903 IVPP. *et* ALC. *om. EJ* — iracunda *Lambin* eiracunda *Leo:* uerecunda *libri et Nonius* — potin : potin es *B* potinest *DJ* potui est *E* — 904 sanus *in litura D*

sen.

Cum *ea* tu sermonem nec ioco nec serio
Tibi habeas, nis*i* sis stultior stultissimo.

IVPPITER

Si dixi, nihilo magis es neque ego esse arbitror,
Et id huc reuorti *purigarem* ut m*e* tibi.
910 Nam numquam quicquam meo animo fuit aegrius
Quam postquam audiui *modo* te esse iratam mihi.
Cur dixisti? inquies : ego expediam tibi.
Non edepol quo te esse inpudicam crederem,
Verum periclitatus *tum* sum animum tuum,
915 Quid faceres et quo pacto id ferre induceres.
Equidem ioco illa dixeram dudum tibi,
Ridiculi causa. Vel hunc rogato Sosiam.

ALCVMENA

Quin huc adducis meum cognatum Naucrat*am*
Testem, quem dudum te adducturum dixeras,
920 Te huc non uenisse?

IVPPITER

            Si quid dictum est per iocum,
Non *a*equum est id te serio praeuortier.

ALCVMENA

Ego i*o*cum scio quam doluerit cordi meo.

---

906 ea tu: fatu — loco *BD¹E* — 907 nisi *J* : nisi si — 909 purigarem
ut me *L. Havet (duce Ritschl)* : ut me purgarem — 910 quiquam *J* —
911 audiuit *B* — modo *add. L. Havet cf. 899-901 et iracunda* 903 —
912 ALC. Cur *D* — didixisti *B¹* — IVP. ego *D* — 913 Non : Ne *J* (*cf.* 887)
— 914 *laudat Nonius p.* 364 *Merc. s. u.* periculum — periclitatus....
tuum *laudat Osbernus p.* 189 — tum *add. L. Havet* — 916 Et quidem *EJ*
— 917 hunc *del. Palmer quia non adest Sosia* (949, 955), *sed sensus
est : rogabis* (*nam futurum est* rogato) *ubi uoles testem quem aedibus
praesto habes Sosiam* — 918 naucratam *L. Havet cf.* 860 : naucratem —
919 dixeris *D¹J,E* ?
    921 equum — seriam *D¹* — praeuorti est *E* praeuortiter *J* — 922 iocum

sen.

IVPPITER

Per dexteram tuam te, Alcumena, oro, obsecro
Da mi hanc *nunc* ueniam, ignosce, irata ne sies.

ALCVMENA

925 Ego *mea* istaec feci uerba uirtute irrita.
Nunc quando factis me impudicis abstine*i*,
Ab impudicis dictis auorti uolo.
Valeas, tibi habeas res tuas, reddas meas. —
Iuben mi ire comites?

IVPPITER

Sananes?

ALCVMENA

Si non iubes,
930 Ibo egomet : comitem mihi pudici*t*iam *ad*sero.

IVPPITER

Mane, arbitratu tuo iusiurandum dabo
Me meam pudicam esse uxorem arbitrarier.
Id ego si fallo, tum te, summe Iuppiter,
Quaeso Amphitr*u*oni ut semper iratus sies.

ALCVMENA

935 A, propitius sit potius.

IVPPITER

Confido fore :

L. *Havet :* illum — 923 dextram *BD* — 924 mihi — nunc *add. Redslob
neue philol. Rundschau* 1892 *p.* 7 — ignosce : mi ignosce *Palmer* —
925 mea *add.* L. *Havet* — 926 abstines — 929 mihi — sannan es *B*
sane es *D* — 930 pudicitiam *E :* pudiciciam — adsero *Leo :* duxero —
Ibo et pudicitiam egomet comitem duxero *Ribbeck Rh. Mus. XXXVIII
p.* 453 — ego *ille quem secutus est Naudet* 933 — sallo *D¹* — 934 amphitrioni *D* amphytrioni *BEJ* — 935 propicius *B*

sen.

Nam iusiurandum uerum te aduorsum dedi.
Iam nunc irata non es?

ALCVMENA

Non sum.

IVPPITER

Bene facis.
Nam in hominum aetate multa eueniunt huius modi :
Capiunt uoluptates, capiunt rursum miserias :
940 Irae interueniunt, redeunt rursum in gratiam.
Verum irae siquae forte eueniunt huius modi
Inter eos, rursum si reuentum in gratiam est,.
Bis tanto amici sunt inter se quam prius.

ALCVMENA

Primum cauisse oportuit ne diceres :
945 Verum eadem si isdem purgas m*i*, patiunda sunt.

IVPPITER

Iube uero uasa pura adornari mihi.
V*t* apud legionem uota uoui, si domum
Redissem saluus, *ita* ea ego exsoluam omnia.

ALCVMENA

Ego istuc curabo.

IVPPITER

Heus, euocate huc Sosiam :

938 etatę *B* — 942 reuentum est *D¹* — 945 eisdem *E (nominatiuus est
numeri singularis)* — mihi — *post* mi *interpung. L. Ḥavet* — 947 Vt
L. Ḥavet: Vt quae (*cf.* 948) — apud (*cf.* 133 ad *alio sensu*): *hic quasi*
coram — 948 ita *add. L. Ḥavet cf.* 947 — omnia : iam omnia *Leo in
app.* una omnia *Seyffert phil. Anzeiger XIII* (1883) *p.* 353 — 949 heus
add. L. Ḥavet

sen.

950 Gubernatorem, qui in mea naui fuit,

Blep*h*aronem arcessat, qui nobiscum prandeat. —

Is *abibit* adeo impransus : ludificabitur,

Cum ego Amphitr*u*onem collo hinc obstricto traham.*

ALCUMENA

Mirum quid solus secum secreto ille agat.

955 Atque aperiuntur aed*e*s : exit Sosia.

SOSIA. IVPPITER. ALCVMENA

SOSIA

troch.

Amphitruo, assum : siquid opus est impera, imperium
exequar.

IVPPITER

Optume aduenis.

SOSIA

Iam pax est inter uos du*o* ? *Optume est* :

Nam quia uos tranquillos uideo, gaudeo et uolu*p* est mihi.

Atque ita seruum par uidetur frugi sese instituere,

960 Proinde eri ut sint, ipse item sit : uultum e uultu com-
paret :

951 Blefaronem — 952 abibit *add. L. Havet collato* 1035 — adeo :
adeo faxo *Redslob neue philol. Rundschau* 1892 *p.* 7 *collato* 997, a Mer-
curio *Leo* — ipsus *ante* ludificabitur *Palmer* (prorsus *Purser ap. Palmer*)
— ludificabatur *D* — 953 amphitrionem *D* amphytrionem *BEJ* —
955 aedes *J* (?) : aedis *BDE*

956 SOS- IVPP- ALC- *om. D spatio relicto* — SOS- SERVOS. IVPP-
DEVS. ALC- MVLIER *Goetz et Schoell* 1893 — sos. *om. B* — Amphitrio
BDE Amphytrio *J* — 957-958 quia pax.... duo *et* gaudeo... mihi *laudat
Osbernus p.* 603 — 957 Optume : Sosia optume *Leo* Optumē optumē *uel*
Optumo optumē *Palmer in apparatu* — iam : quia *Osbernus* — duo
optume est *L. Havet ne* Nam 958 *sensu careat* : duos — 958 uolupe —
960 item ipse *B* — e : et *EJ* — coparet *D*

troch.

Tristis sit, si eri sint tristes : hilarus sit, si gaudeant.
Sed age responde : iam uos redistis in concordiam ?

IVPPITER

Derides, qui scis h*ui*c *d*udum me dixisse per iocum.

SOSIA

An id ioco dix*ti* isti ? *eram* equidem serio ac uero ratus.

IVPPITER

965 Habui expur*i*gationem : facta pax est.

SOSIA

Optume est.

IVPPITER

Ego rem diuinam intus faciam, uota quae sunt.

SOSIA

Censeo.

IVPPITER

Tu gubernatorem a naui huc euoca verbis meis
Blepharonem, *qui* re diuina facta mecum prandeat.

SOSIA

969ᵇ‿ ‿ ‿ ‿   ‿ ‿ ‿ ‿   ‿ ‿

IVPPITER

Actutum huc redi.

961 si eri sint : fieri sint *E* fuerint si *J* — 962 rediistis iam uos *Leo
in app.* — 963 huic *L. Havet :* haec *libri sensu prauo* — dudum : iam
dudum (iam *ortum ex* eram 964 ?) — 964 dixti isti *L. Havet* (dixti *uel*
dixe *Palmer Hermathena VI* 1888 *p.* 81) : dixisti — eram *add. L. Havet
cf.* 963 — equidem : equidem dictum *Palmer* — 965 IVPP. *J?* : ALC. —
expurgationem — 967 euoca : euacabis *D* (*cf.* uerbis) — 968 Blepharonem *D :* Blefaronem — qui *cf.* 951 : ut *libri* ut mox *lit. Centralbl.
XLVII* (1886) *p.* 73 — prandeant *D¹* — 969 *sic L. Havet duce Acidalio :*

troch.

SOSIA

969ᵃ Iam hic ero, cum illic censebis esse me.

IVPPITER

⏑ _ ⏑ _

ALCVMENA

Numquid uis, quin abeam iam intro, ut apparentur quibus
     opus?

IVPPITER

I sane et quantum potest parata fac sint omnia.

ALCVMENA

Quin uenies quandouis intro : faxo haud quicquam sit
     morae.

IVPPITER

Recte loquere et *d*iligentem proind*e* ut uxorem decet.

IVPPITER

.DV.

sen.

Iam hi *pariter* ambo, et seruus et era, frustra sunt
975 Qui me Amphitr*u*onem rentur esse : errant probe.
Nunc tu diuine *ille* huc fac adsis Sosia.

sos. Iam...me ıvpp. actutum... redi *libri* (ıvpp. *om. D*) — 969ᵃ cen-
senis *B*¹ — 970 opus *B* : opust
   971 potest *B*¹ : potes — facta — sunt *D*¹ — 972 uenies quandouis
L. Havet : uenis (ueni *J*) quando uis — morae *J* : more — 973 diligentem proinde *F. Skutsch obseruans* proinde *ante consonantem apud
Plautum non inueniri* : proinde diligentem — 974 IVPPITER *add.
cf.* 546 — pariter *add. L. Havet* — sunt, *postea* .DV. (= DEVERBIVM)
L. Havet : sunt duo — 975 amphitrionem *BD* amphytrionem *EJ* —
erant *B*¹ — 976 tu : tu tu *Palmer* — ille : *add. L. Havet cf.* 861 —

sen.

Audis quae dico, tam et si praese*n*s non ades.

Fac*e* Amphitr*u*onem aduenientem *tu*, ab aedibus

Vt abigas, quouis pacto commentus sies.

980 Volo d*e*ludi illun*c*, dum cum hac *ue*rsuraria

Vxore nunc mihi morigero. Haec curata s*i*nt

Fac sis, proinde adeo ut uelle me*d* intellegis;

Atque *it* ministres mihi, cum mihi *intus* sacruficem.

MERCVRIVS

.*C*.

oct.

Concedite atque abscedite omnes, de uia decedite,

985 Nec quisquam *nunc* tam audax fuat   homo qui obuiam

obsistat mihi.

Nam mihi quidem hercle qui minus   liceat deo minitarier

Populo, ni decedat mihi,   quam seruolo in comoediis,

988 *Vb*e nauem saluam nuntiat   aut irati aduentum senis?

oct.

988 Ille nauem saluam nuntiat   aut irati aduentum senis :

989 Ego sum Ioui dicto audiens   eius iussu nunc huc me adfero.

990 Quam ob rem mihi magis par est uia   decedere, et concedere.

fac huc *ille quem sequitur Naudet* — 977 praesens *D²J²* : praeses —
non *om.* *B¹* — 978-979 *laudat Nonius p. 88 Merc. s. u.* commentum —
978 Face *L. Havet* : Fac *libri* face iam (*ante* am-) *Nonii libri* — amphitrionem *BDE* amphytrionem *J* amfitrione *Nonius* — adueniente
Nonius — tu *add. L. Havet ut separetur* aduenientem *ab* ab — abigas:
abeat *Nonius* — quouis : equo uis *E¹* quo *ʯ*uis *J* — pacto *L. Havet* :
pacto fac — commentus *Nonius* : cūmentus (cum mento *D*) *cf.* cummixta *E* 59 — sis *Nonius* — 980 diludi illum edum (deludi illum dum *J*)
cf. 997 — uersuraria (*u.* 498) *L. Havet* : usuraria (usuraria *E¹* usuria *J*)
-- 981 sient (sunt *D¹* siet *J¹*) — 982 me — 983 it (= id) *L. Havet* :
ut — intus *add. L. Havet ut in actus exitu quo eat Iuppiter significetur*
(*cf.* ibo... 550, duc... adducam 854, pergam... 1052) — administres
mihi fac quom mi *Palmer in app.*

    984 *incipit actus IV, contra ac uulgo putant; ideo dicitur* non ades
977, *neque conspicitur Mercurius antequam Iuppiter intro abierit* —
.*C.* (= CANTICVM) : F E *om.* BDJ *cf.* 974 — MERC- DEVS *Goetz et*
Schoell 1893 — oncedite *c. spat.* DE — 985 nunc *add.* — qui : ut
Palmer cf. 968 — 988-1008 *textum Plauti a textu interpolato actoris*
recentioris discreuit L. Havet; ordinem libri praebent eum qui per nu-
meros indicatur — 988 Vbe (= ubi) *L. Havet* : Ille — *an cum allittera-*
tione saluam nauem nuntiat? — 990 par est uia : par de uia *incertus*

octon.

991 Pater uocat me, eum sequor, eius dicto imperio sum
     audiens.

Vt filium bonum *esse* oportet, itidem ego *meo* sum patri.

Amanti subparasitor, hortor, adsto, admoneo, *obudio*;

Siquid patri uolup est, uoluptas ea mi multo maxumast.

995 Amat: sapit; recte facit, animo quando obsequitur suo.

sen.

997*Nunc Amphitr*u*onem uult deludi meus pater *:*

998*Iam hic deludetur uobis *inspectantibus,

1006 Siquidem uos uoltis auscultando operam dare.

1007 Ibo intro, ornatum capiam qui pot*is* decet:

1008 Dei*n* susum ascendam in tectum, ut illum hinc prohibeam.

1002*Deinde ill*i poenas sufferet suus Sosia;

1003*Eum fecisse ille hodie arguet quae ego fecero hic.

troch.

1005 Sed eccum Amphitr*u*onem, aduenit. Iam ille hic delu-
     detur probe.

oct.

996 Quod omnis homines facere oportet, dum id modo fiat bono.

997 Nunc Amphitr*u*onem uult deludi meus pater: faxo probe

998 Iam hic deludetur, spectatores, uobis *inspectantibus.

999 Capiam coronam mihi in caput,   adsimulabo me esse ebrium.

1000 Atque illuc sursum escendero: inde optume *a*spellam uirum

1001 De supero, cum huc accesserit: faciam ut sit madidus sobrius.

1002 Deinde ill*i* actutum sufferet   suus seruus poenas Sosia:

1003 Eum fecisse ille hodie arguet,   quae ego fecero hic: quid *id* mea?

1004 Meo me aequumst morigerum patri *esse*, eius studio seruire addecet.

quo sit uox est *transferenda Abraham stud. Plaut. p.* 210 — 991 *pronuntiandum uidetur* mĕ ĕum — 992 esse *L. Havet:* patri esse —
oporet *B¹* oporter *E¹* — ego meo *L. Havet:* ego ego (ego *J*) — 993 subparasitabor *B* subparisitor *E¹* — obudio (= oboedio) *L. Havet :* gaudeo
(*cf.* ũ *pro* au *in* includo defrudo dilutus accuso) — 994 uolp *D¹* uolupe *J*
— uoluntas *D* — mi *B? D? J?* mihi *E* — maxuma est *D* maximast *BE*
maxima est *J*

996 *in suspicionem uoc. Schoell* — modo fiat (fiat *BE*) bono : bona
fiat modo *Abraham p.* 210 — 997 amphitrionem *BD²* amphitreonem
D¹ amphytrionem *EJ* — pater *om. D* — probe: *cf.* 1005 — spectantibus
— 999 capud *DE* — adsimilabo *D¹* — 1000 cispellam (scispellam *B*
cispella *EJ; i ex corr. E*) — 1001 fatiam *BE* — maditus *D¹* — ebrius *D*
— 1006 uoltis *J:* uultis — 1007 quin *D* — potius — 1008 Deinde —
an cum Bothe legendum escendam? *cf.* 1000 — probeam *D*

1002 ille (*om. E¹*) — sufferret *EJ* — 1003 fecero hic ego *Leo in
apparatu* — quidē *E* — id *add.* — 1004 mirigerum *D¹* — esse *add.* —
1005 amphytrionem *BEJ* amphitrionem *D*

AMPHITR*VO*

troch.

1009 Naucrata*m* quem conuenire uolui in naui non erat,
  Neque domi neque in urbe inuenio quemquam qui illum
    uiderit :
  Nam omnis plateas perreptaui, gymnasia et my*r*opolia.
  Apud emporium atque in macello *ego*, in pal*ae*stra atque
    in foro,
  In medicinis, in tonstrinis, apud omni*s* aedis sacras
  Sum defessus quaeritando : nusquam inuenio Naucrata*m*.
1015 Nunc domum ibo atque ex uxore *tamen* rem pergam
    exquirere.
1017 Nam me quam illam qu*ae*stionem inquisitam hodie
    amittere,
1016 Quis fuerit quem propter corpus suum stupri compleuerit,
1018* Mortuum satiu*st*. Sed aedis occluserunt. Eugepae :
1019* Pariter hoc fit atque ut alia facta sunt.— Feriam foris.
1020* Aperite hoc : heus, ecquis hic est? ecquis hoc aperit
    ostium ?

1009 *incipit actus II scaena non prima, sed secunda, u. ad* 984 —
AMPHITRIO *BE* AMPHYTRIO *J om. D* — AMPH- DVX. *Goetz et Schoell*
1893 —Naucratam *L. Havet cf.* 849 860 Naucratem *J?* Naugratem *B* au-
gratem *cum spat. DE*
  1011 omnes... myropolia *laudat Osbernus p.* 432 *s. u.* myropolium —
gymnasia *J* (?) : gimnasia — miropolia — 1012 Apud *B¹D¹* — em-
ponum *E* (u *ex corr.*)*J* — ego add. *L. Havet* — palestra — 1013 omis *B*
— edis *B — an metri causa* aedis apud omnis? *sed fortasse* aedis sacras
pro una uoce est ut bona fide, malam crucem — 1014 naucratem —
1015 hinc *post* ibo *inserit Schoell neue Heidelb. Jahrb. II p.* 40, *putans
eadem causa corruptos esse* 1015 *et* 1032 — tamen *L. Havet :* hanc
(*cf.* illam 1017) — exquirere *B —* 1017 1016 *transp. L. Havet —* 1017 que-
stionem — 1018 satius est — euge *EJ —* pariter...fit *huic uersui dant
libri —* 1019 fit *in litura D, ut conicias olim post* hoc omissum fuisse
fit...hoc *et ex uersibus duobus esse unum factum, inde ceteras turbas
fluxisse —* Atque...aperite hoc *uersui* 1019 *dant libri cf.* 1018-1020 —
1020 *pronuntiandum est ut uid.* ĕquis hoc: *cf. Bacch.* 582 Heus ecquis
hic est? ecquis hoc aperit ostium? *similia restituta sunt Truc.* 664 *et
Capt.* 830

MERCVRIVS ET EIDEM

MERCVRIVS

troch.
1021* Quis ad fores est?

AMPHITRVO

Ego sum.

MERCVRIVS

Quid, ego sum?

AMPHITRVO

Ita loquor.

MERCVRIVS

Tibi Iuppiter
1022* Dique omnes irati certo sunt, qui sic frangas fores.

AMPHITRVO

Quomodo?

MERCVRIVS

Eo modo, ut profecto uiuas aetatem miser.

AMPHITRVO

Sosia.

MERCVRIVS

Ita : sum Sosia, nisi me esse oblitum existimas.
1025 Quid nunc uis?

AMPHITRVO

Sceleste, at etiam quid uelim, id tu me rogas?

MERCVRIVS ET IDEM AMPHITRIO *B* MERCVRIVS ET EIDEM
(eidem = idem) *E* MERCVRIVS AMPHYTRIO *J om. D spatio relicto*
MERC- DEVS. AMPH- DVX *Goetz et Schoell* 1893 — ET BLEFARO
add. B errore facili — 1021-1022 *sic discripti:* Quis ad...loquor,
Tibi...fores — 1021 MERC. Quis : uis *cum spatio DE* — 1024 i*ta B

MERCVRIVS

troch.

Ita, rogo : paene effregisti, fatue, foribus cardines.
An foris censebas nobis publicitus praeberier?
Quid me aspectas, stolide? Quid nunc uis tibi? aut quis
  tu es homo ?

AMPHITRVO

Verbero, etiam quis ego sim me rogitas, ulmorum Accheruns?
1030 Quem pol ego hodie ob istaec dicta faciam feruentem flagris.

MERCVRIVS

1031* Prodigum te fuisse oportet olim in adulescentia.

AMPHITRVO

1032* Quidum ?

MERCVRIVS

Quia senecta ita aetate a me mendicas malum.

AMPHITRVO

Cum cruciatu tuo istaec hodie, uerna, uerba funditas.

MERCVRIVS

Sacrufico ego tibi.

AMPHITRVO

Qui ?

MERCVRIVS

Quia enim te macto infortunio..

1026 pene — effregistis B — 1027 publicius B — 1029 acheruns —
1031-1032 sic discripti: Prodigum...quidum, Quia......malum — 1031
adulescentiam — ita add. L. Havet — senecta aetate: cf. Aul. 253,
Cas. 240, 259, Merc. 985, Trin. 43 — atate D¹ — cf. ad 1015 — 1033
laudat Nonius p. 43 Merc. s. u. uernas — cruciatur Nonii libri — fun-

[*hic deperditus archetypi quaternio quintus (num deperditus solus?), continens lineas 272, in quarum prima scriptus fuisse uidetur uersus a Nonio laudatus:*]

AMPHITRVO

troch.

(1034ª) I At ego certo cruce *te* mactabo ex uo*to*, mastigia.

[*praeterea seruauerunt grammatici ex deperdita fabulae parte has reliquias:*]

* * * * * * * * * * * * * * * *

MERCVRIVS

XV Abi*t*endi nunc tibi etiam occasio est. ⏑ ‒ ⏑ ‒
* * * * * * * * * * * * * * * *

MERCVRIVS

III Optumo iure infringatur aula cineris in caput.
* * * * * * * * * * * * * * * *

ditus *D¹* — 1034 infortunio *om. EJ* — *sequitur* 1035 (*p. 106*) *sine interuallo in BJ, relictis lineis uacuis in DE*

FRAGM.: *numeros Goetzii et Loewii seruauimus; ordo ap. Leo* I-II, XV, III-IV, VII; — XI-XIII; — V-VI, XVII, XVI, XVIII; — IX-X, VIII, XIX, XIV; — *ordo ap. Palmer* I-II, V, XV, III-IV, VII, VI, XI-XIII, IX-X, VIII, XVI, XVIII-XIX, XIV, XVII; — *lineolis disiungunt Goetz et Schoell* 1893 I-IV, V-VI, VII-X, XI-XIV, XV-XX — *ex ordine Noniano patet esse lectum* III *ante* IV, VII *post u.* 739 *et ante* XII, VIII *post u.* 845 *et ante* X; *ex ordine glossarii Plautini, lectum esse* XIX *inter u.* 886 *et* 1116 — *addita ex coniectura nomina personarum omnia*

I *laudat Nonius p.* 342 *s. u.* mactare — *ad* L¹H¹ *Bern. Gen.* — certe *Bern.* — te *L. Havet (duce Pylade) pro librorum et* cruciatum (crúciatu *prius, opinor, quod uocis* cruce *glossema; iam dictum* cruciatu 1033) — mactauo *H¹ Gen.* — ex uoto (*cf.* sacrufico 1034) *L. Havet:* exuo (*om. Gen. Bern.*) — *ad* ego te certo cruce Eccruciatum multum mactabo: exito mastigia *L. Mueller* At ego te cruce et cruciatu mactabo [mox, Sosia: Faciam ut prae dolore sanguinem] exuomas, mastigia *Palmer*

XV *laudat Priscianus* XI 24 *s. u.* abiendi — *uersus est initium potius quam exitus, nam fere incipiunt cum uersu excerpta grammaticorum —* abiendi — tibi...est *r: om. R.*

III *laudat Nonius p.* 543 *s. u.* aula — optimo *pars codicum*

MERCVRIVS

troch.

IV Ne tu postules matulam, *eccam*: *uin* tibi aquam in-
    fundi in caput?

*   *   *   *   *   *   *   *   *   *   *   *   *   *

MERCVRIVS

II Erus Amp*hitruo est* occupatus _ ◡ _ ◡ _ ◡ _ ‒

*   *   *   *   *   *   *   *   *   *   *   *   *   *

MERCVRIVS

VII Laruatu's. — Edepol hominem miserum! medicum
    quaeritat.

*   *   *   *   *   *   *   *   *   *   *   *   *   *

AMPHITRVO. SOSIA. BLEPHARO

*   *   *   *   *   *   *   *   *   *   *   *   *   *

AMPHITRVO AD BLEPHARONEM DE SOSIA

troch.

XVII No*l*i pessimo precari _ ◡ _ ◡ _ ◡ _

*   *   *   *   *   *   *   *   *   *   *   *   *   *

IV (*cf. u.* 1001) *laudat Nonius p.* 543 *s. u.* matella — matellam *Leo
in apparatu* — eccam uin *L. Havet:* unam *libri* urnam *Palmer* —
aquae defundi *Palmer olim* aquai fundam *Palmer*

II *laudat Nonius p.* 354 *s. u.* occupatus — Nam erus *L. Mueller*
(*praeit* amphitryone) — amfitryo, amfitreo, *similia* — est *add.* —
inter II *et* VII, *puto, sese nominat* AMPH. — VII *laudat Nonius p.* 44 *s. u.*
cerriti et laruati — *uulgo corrigunt* quaerita, *sed imperatiuus displicet
frequentatiui*

XVII *laudat pseudo-Seruius Aen.* VIII 127 *propter* precari *cum datiuo*
— *fragm. Palmero suspectum* — « nobili pessime precari *hoc est* pro
pessimo noli precari » *pseudo-Seruius; cf. As.* 477 Pergin precari
pessimo?

AMPHITRVO AD SOSIAM

rooh.

VI Ibi scrobes fodi*his* *t*u plus sexagenos in die.

* * * * * * * * * * * * * * * *

AMPHITRVO AD SOSIAM

V Quid minitabas te facturum si istas pepulissem fores?

* * * * * * * * * * * * * * * *

AMPHITRVO. BLEPHARO. ALCVMENA

* * * * * * * * * * * * * * * *

AMPHITRVO AD BLEPHARONEM DE ALCVMENA

sen.

XVI Cuius? qu*a*e me absente corpus uulgauit suum.

* * * * * * * * * * * * * * *

AMPHITRVO

XIX . . . . . clandestino. . . . .

* * * * * * * * * * * * * * *

VI *propter* scrobs *masculinum laudant Priscianus* v 41 *et* VII 40, *Nonius p.* 225; scrobes sexagenos fodi in die *habet in commentis Lucani* VIII 756 *cod. Bruxellensis s. X,* scrobes sexagenos *alius codex;* sexagenos scrobes *Probi catholica p.* 20, 3, *Seruius G.* II 288 (*ubi* « *Filargirius* » sexagenos in dies scrobes) — fodibis tu plus *L. Havet:* effodi duplus *Prisc.* v (effodi duplos *r* effodito plus *alii*), effodito plus *Prisc.* VII (*uar.* effodi duplus), fodito *Non.* (*om.* plus), fodi *comm. Lucani,* fodīto tu plus *L. Mueller; imperatiuo siue praesenti siue futuro sensum uix inuenias* — in die *comm. Lucani:* in dies *Prisc.* (*uar.* indiges), *Filarg., Non.; sed mox Non. ex Aulul.* ego ecfodiebam [ibi] in die denos scrobes — *de re cf. u.* 1002

V *laudat Nonius p.* 473-474 *s. u.* minitas — facturum *om.* L^1 — si stas *L. Mueller cum codice deteriore uno* — *de re cf. u.* 1003

XVI *laudat Nonius p.* 182 *s. u.* uulgauit — Cuius? quae *L. Havet:* cuiusque *libri* Conscio quo Leo *in apparatu* (*qui* med) — corpus uulgauit: ucorpus uulga *L* utcorpus uulgata H^1 — sum H^1L

XIX *habet gloss. Plautinum* (*Ritschl opusc.* II *p.* 236 *et* 273)

ALCVMENA AD AMPHITRVONEM

sen.

XI Exiurauisti te mihi dixe per iocum.

✳ ✳ ✳ ✳ ✳ ✳ ✳ ✳ ✳ ✳ ✳ ✳ ✳ ✳ ✳ ✳

ALCVMENA

XIII Nisi hoc ita factum est proinde ut factum esse autumo,
Non causam dico: uere *est* qui insimuler probri.

✳ ✳ ✳ ✳ ✳ ✳ ✳ ✳ ✳ ✳ ✳ ✳ ✳ ✳ ✳ ✳

ALCVMENA AD AMPHITRVONEM

XII Quaeso, aduenienti morbo medicari iube:
Tu certe aut laruatus *aut* cerritus es.

✳ ✳ ✳ ✳ ✳ ✳ ✳ ✳ ✳ ✳ ✳ ✳ ✳ ✳ ✳ ✳

AMPHITRVO. BLEPHARO. IVPPITER

✳ ✳ ✳ ✳ ✳ ✳ ✳ ✳ ✳ ✳ ✳ ✳ ✳ ✳ ✳ ✳

AMPHITRVO AD IOVEM

troch.

VIII Nihilne te pudet, sceleste, populi in conspectum ingredi?

✳ ✳ ✳ ✳ ✳ ✳ ✳ ✳ ✳ ✳ ✳ ✳ ✳ ✳ ✳ ✳

XI: *cf.* ioco... dixeram 916 — *laudat Nonius p.* 105 *s. u.* exiurare —
iouem *W¹*; *cf.* quod ego dixi per iocum *Poen.* 1169

XIII (*cf.* 851-852) *laudat Nonius p.* 237 *s. u.* autumare — uere est
L.Havet: uerum — qui insimuler *L. Havet duce Hoffmann:* qui insi-
mules *Gen.* P qui insimiles *H¹* quin simules *H² WL*

XII *laudat Nonius p.* 44 *s. u.* cerriti et laruati; *uersum priorem laudat Nonius p.* 247 *s. u.* aduenire — *singulos uersus singulis personis
tribuit L. Mueller* — quasi 44 — moribo 247 — medicati 44, om. 247
— iube 247 (iure *H² WL,* P *ut uid.*) iuuem 44 (iuuenem *PHL*) —
medicum. ALC. At tu suem *Palmer olim* — es aut cerritus

VIII *laudat Nonius p.* 454 *s. u.* ingredi

AMPHITRVO AD CIVES

troch.

IX Manifestum hunc optorto collo teneo furem flagit*i*.

IVPPITER AD CIVES

X Immo ego hunc, Thebani ciues, qui domi uxorem meam
Inpudicitia inpediuit, teneo, thensaurum stupri.

* * * * * * * * * * * * * * * * *

BLEPHARO AD AMPHITRVONEM

XVIII Animam conprime ＿ ◡ ＿ ◡   ＿ ◡ ＿ ◡ ＿ ◡ ＿

* * * * * * * * * * * * * * *•* *

IVPPITER (VEL AMPHITRVO) AD BLEPHARONEM

XIV Qui nequeas nostrorum uter sit Amp*h*itru*o* decernere.

* * * * * * * * * * * * * * *

? AMPHITRVO AD BLEPHARONEM

?XX Non ego te noui, naualis scriba, columbari impudens?

* * * * * * * * * * * * * *

IX-X: *cf.* inuicem Raptant pro moechis ARG. II 6-7 — IX *Ioui*, X *Am-phitruoni tribuunt Leo et Palmer, sed uix Ioue dignum* optorto collo *neque prior deus conuiciari debet, atque* inpediuit *de accusatione intellegendum est, non uero de ipso stupro;* furem *appellat et* flagiti ma-nifestum *dominus intra domum deprehensum;* thesaurum stupri *de inimico non dicat qui stupri alicuius certi accusare possit* — IX *lau-dat Nonius p.* 453 *s. u.* furtum — φόρτον *Goetz obseruatt. crit.* (*Ienae* 1883) *p.* VII, *quod illi* thesaurum *respondeat* — flagiti (*cum* manife-stum *iungendum*): flagitii — X Immo... impediuit *laudat Nonius p.* 331 *s. u.* impedire; qui... stupri *laudat Nonius p.* 456 *s. u.* thesaurus — inmo *LH²* in me *H¹P Gen. Bern.* — thebai cius *L¹* — eam *H¹P Gen. Bern.* 331 — impediunt *Bernenses et forte H* 331, *Bamb.* 456 — *pars codd.* thesaurum *ut uid.*

XVIII *laudat Nonius p.* 233 *s. u.* anima (= *iracundia*)

XIV (*cf.* ARG. II 7-8 Blepharo captus arbiter Vter sit non quit Amphi-truo decernere) *laudat Nonius p.* 285 *s. u.* decernere — neque has *LH²WP* nequea *Bern. Gen.* neque *H¹* — amfitryo

XX *ex Plauto sine fabulae nomine laudat Festus p.* 169 *s. u.* naualis scriba — columbarius *pro* *columbararius, *a* columbaribus *nauis, ut* nutrix *pro* *nutritrix, honestas *pro* *honestitas, decenter *pro* *decen-titer

BLEPHARO

* * * * * * * * * * * * * * *

troch.

1035 Vos inter uos *uos* partite : ego abeo, mihi negotium est :
Neque ego umquam usquam tanta mira me uidisse censeo.

AMPHITRVO

Ble*ph*aro, quaeso ut aduocatus mihi adsis neue abeas.

BLEPHARO

Vale.

Quid opust *tibi* med aduocato ? quin utri sim nescio.

IVPPITER

Intro ego hinc eo : Alcumena parturit.

AMPHITRVO

Perii miser :

1040 Quid ego, *quaeso,* quem aduocati iam atque amici de-
serunt ? —
Numquam edepol me inultus istic ludifica*b*it quisquis est.
Nam *m*ed *ag*am iam ad regem rect*a* res̄que ut facta
est eloquar.

1035 Vos : Iam nos *Leo* — uos uos *Palmer :* uos *libri* (uos istaec *J*) —
parcite *B* — partitote *Spengel* — 1037 Blefaro *BEJ* — 1038 opust *DE*
opus est *J* opus *cum B Olsen, quaestiones plautinae de uerbo substan-
tiuo p.* 85 — tibi *add. L. Havet* — med *DE*[2]: me *B om.* E[1] *et ut uid.*
J — sim : sim aduocatus — AMPHITRVO *ut scaenae titulum L. Havet*
(*cf.* 546, 654, 974) : AMPH. — 1040 ₓgo *B*[1] — quaeso *add. L. Havet fauente*
allitteratione (*ut in fragm.* IX *alloquitur Amphitruo populum, quod de-
monstrat uersu* 1041 *pronomen secundae personae* istic) — quem ipsi
aduocati *Palmer in app.*
1041 Nunquam *J* : Numquem *cf.* quem 1040 — ludificabit *F* : ludifi-
cauit (ludificabunt *J*) — 1042 iam : ₓiam *B* — med agam iam ad regem
recta *L. Havet metro et allitterationi consulens ;* iam ad regem recta

troch.

Ego pol illum ulciscar hodie Thessalum ueneficum,

Qui peruorse perturbauit familiae mentem meae.

1045 Sed ubi illest? intro edepol abiit, credo ad uxorem meam.

Qui me Thebis alter uiuit miserior? quid nunc agam?

Quem omnes mortales ignorant et ludificant ut lubet.

Certumst, intro rumpam in aedis: ubiquomque hominem aspexero,

Siue ancillam, siue seruum, uxorem siue adulterum,

1050 Seu patrem siue auum uidebo, *ego* obtruncabo in aedibus:

Neque me Iuppiter neque di omnes id prohibebunt, si uolent,

Quin sic faciam u*ti* constitui: pergam in aedi*s* nunciam.

BROMIA ANCILLA. AMPHITR*VO*

BROMIA

quatern.

1053 Spes atque opes uitae meae   iacent sepultae in pectore

Neque ullast confidenti*a*   iam in corde, quin amiserim:

Ita m*e* uidentur omnia,   mare, terra, c*ae*lum consequi

Iam ut opprimar, ut enicer.

Me miseram, quid agam nescio:

1057 Ita tanta mira in aedibus

sunt facta. V*ae* miserae mihi:

me ducam — 1044 pertubauit *D* — 1046 nunc: nuc *J* nun *E?* — 1048 Certust (Certum est *J*) — aedibus *cf.* 1052 — ubiquomque *L. Ha-*
vet: ubi quemque — 1049 seruum siue uxorem siue (siue *ex se D*
sev *B*) *libri, priore loco* siue *del. L. Havet* — 1050 ego *add. Tailliart*
— obtruncapo *D¹* obtrancabo *E*

1051 uolint *J* — 1052 Quin sin *B¹* — ut — aedibus (edibus *BE*) *cf.* 1048
— 1053 BRONIA ANCILLA *B* ANCILLA BROMIA *EJ* ANCILLA *D* — BR-
ANC-. AMPH- DVX *Goetz et Schoell* 1893 — AMPHITRIO *BDE* AMPHY-
TRIO *J* — br. om. *D* — Spes *B*: pes *c. spat. D* apes *c. spat. E* Da-
pes *J* — impectore *D cf.* 143 — 1054 ulast *D* — confidentiam *B¹DE* —
1055 me: mihi; *an* mehe (*Quintil.* I 5,21)? — uidetur *EJ* — caelum
J: celum — consequi: conloqui *Palmer Hermath.* 1883 *p.* 245 —
1056 I iam *D¹* — enicer *D;* enecer *J* inicer *E* inicier *B* — 1057 edibus

quatern.

1059 Caput *ut* dolet. Neque audio,

               ne*que* oculis prospicio satis,

1058 Animo malest, aqu*lam* uelim;

              corrupta sum atque absumpta sum;

1060 Nec me miserior femina est

             neque *esse* ulla uideatur magis :

Ita erae meae hodie contigit :

            nam ubi parturit, deo*s* inuocat,

octon.

Ibi strepitus crepitus, sonitus tonitrus, ut subito, ut
     *u*alide, ut prope*!*

Vbi quisque institerat concidit crepitu; ibi nescioquis
     maxuma

Voce *illam* exclamat: « Alcumena, adest auxilium, ne
     time :

1065 Et tibi et tuis propitius *summus* caeli cultor aduenit.

Exsurgite, inqui*t*, *uos* qui terr*ae* meo occidistis prae
     metu. »

Vt iacui exurgo : ardere censui aedis, it*a* confulse*r*ant.

Ibi *tum* me inclamat Alcumena : *etiam* ea res me hor-
     rore adficit.

BE — ue *BEJ* — 1058 aquolam *Palmer in apparatu* aqulam *L. Havet*
(*cf.* aquulam *Curc.* 160, aculam *Cist.* 580): aquam *libri* — 1059 1058
transp. L. Havet duce G. Ramain — 1059 ut *add. L. Havet* — dolet*, B*
— neque oculis: nec oculis (*an* oculis nec?) — prospitio *BE* — 1060 me
om. D — miseor *D¹* — esse *add. L. Havet* — neculla (*cf. Trin.* 282)
Redslob neue phil. Rundschau 1892 *p.* 7 — uiduior (?) *Palmer p.* 234
— 1061 ere *BDE* — meae: me at *D* — deos: deos sibi *cf.* Ibi 1062 —
1062 Ibi *add. L. Havet cf.* sibi 1061 ; *prius fortasse fuit* Vbi (*cf.* 1063)
et corruptam uocem deleuit corrector — screpitus sonitus tonitrus
laudat Nonius p. 227 *Merc. s. u.* tonitrus — strepitus crepitus: screpitus
Nonius — tonitrius *B* tonitus *Woelfflin ap. Seyffert Jahresb. XLVII* 1886
p. 73 — ut ualide ut prope *L. Havet:* ut propere ut ualide tonuit (tonuit
ex 1130?), ut prope ut valide tonuit *Palmer* — 1063 quisque: que *D¹*
— institerit *D¹* inciderat *E¹* — 1064 illam *add. L. Havet* — ex-clamat:
cf. in-clamat 1068 ; *iterum* 1120 — 1065 summus *add. L. Havet* —
1066 Exurgite *EJ* Surgite *Leo* — inquid *BDE* — uos *add. L. Havet*
— terrae *L. Havet:* terrore (*propter* metu *suspectum, praesertim ubi
sequitur* meo) — 1067 ita: ita tum (tunc *D* tim *E*) *cf.* 1068 — confulgebant *cf.* 1096 — 1068-1069 *laudat Nonius p.* 362 *Merc. s. u.* praeuertit — 1067 tum *add. cf.* 1068 — etiam *L. Havet:* iam (ita *J*) — me
om. EJ — 1068-1069 adficit Erilis (*an.* Ereilis?): affiterillis *Nonii H¹*
(adf- Eriliis *Plauti E*) affilebelis *LW, alia ceteri codd.*

quatern.

Erilis praeuertit metus :   accurro ut sciscam quid uelit,

Atque illam geminos filios   pueros peperisse conspicor :

1071* Neque nostrum quisquam sensimus,

quom peperit, neque prouidimus.

1072* Sed *st!* quid hoc? quis hic est senex,

qui ante aedis nostras sic iacet?

1073* Numnam hunc percussit Iuppiter?

Credo edepol : nam pro Iuppiter   sepultust quasi sit mortuus.

Ibo, *it* cognoscam, quisquis est.

*Atque h*ic quidem Amphitruo *est* erus meus.

octon.

1076* Amphitru*o.*

AMPHITRVO

Perii.

BROMIA

Surge.

AMPHITRVO

Interii.

BROMIA

Cedo manum.

AMPHITRVO

Quis me tenet?

1069 praeuertit : praeberet *Nonii H¹ Gen. Bern., alia alii codd.* —
metus *Nonius:* meotus *B* motus *D* me otius *J* meo totius *E* — sciam
Nonius — 1071-1073 *sic discripti:* Neque...peperit, Neque...senex,
Qui...Juppiter — 1072 st *add.* L. *Havet, cf.* sed st *Cic. fam.* XVI 24,2
(traditur sed si); *itidem restituendum est Most.* 506 *(tr.* sedet, setet),
et cum Hermanno Ps. 195 *(tr.* sed) — hic : is *is quem sequitur Naudet*
— senex : seminex *Palmer olim (class. Review II,* 1888, *p.* 326) — 1074
sepultus *D* sepultus est *EJ* sopitust *Palmer in app.* — 1075 it (= id)
L. *Havet:* et — cognosco *B* — Atque hic quidem Amphitruo est
L. *Havet duce Luchs:* amphitruo hic quidem *libri; cf. Aul.* 728 Atque
hic quidem Euclio est, *Bacch.* 774 Atque hic quidem opinor Chrysalus[t];
pronuntiandum hiquidem *(Luchs comment. prosod. Plaut.* II); *ante*
amph- est *omissa fuerant* atque hic quidem *propter similitudinem api-*
cum (aτq;═amp, hιc═hιτ, quιdē═ruoē) — atque *add. Luchs* — hiqui-
demst *Luchs p.* 14 — *uel* amphitruost *uel* meus est erus *Seyffert philol.*
Anzeiger XIII (1883) *p.* 354 — 1076-1077 *tribus uers.* Amphitrio...manum,
AM. Quis...timeo, Ita...Iuppiter — 1076 Amphitrio *BD* Amphytrio *EJ*

octon.

BROMIA

1077* Tua Bromia ancilla.

AMPHITRVO

Totus timeo, *i*ncrepuit ita *me* Iuppiter.
Nec se*ti*ust quam si ab Accherunte ueniam. Sed quid
    tu foras
Egressa es?

BROMIA

Eadem nos formido timidas terrore impulit.
In aedibus, *u*bi *tu* habitas, nimia mira uidi. Vae mihi,
Amphitr*u*o *ere,* ita mihi animus etiam nunc abest.

AMPHITRVO

Age*d*um expedi,
1082* Scin me tuum esse erum Amphitr*u*onem?

BROMIA

Scio.

AMPHITRVO

Vide etiam nunc.

BROMIA

Scio.

1077 increpuit ita me *L. Havet fauente allitteratione:* ita me increpuit
(me *om. D*[1]) — 1078 setiust *L. Havet:* secus est (secius *D*[2] s****ₓₓₓₓ *B*[1]
secutus *J*[1] — quam *J:* quasi *BDE* — ab *del. Koenig quaest. onomast.
Plaut. p.* 5 — quasi si ab acheronte *BD* si abac quasi cheronte *E*[1]
quam si ab acherunte *J* — qui *D* — 1079 Egressa *EJ:* Egessa — ter-
roris *D*[1] — 1080 tu ubi; *cf.* 700
    1081 Amphitrio *BDE* Amphytrio *J* Mi ere amphitruo *Leo* Amphitruon
Palmer in app. — ere *add. L. Havet duce C.F.W. Mueller, cf.* 1082
— 1082-1083 *sic discripti:* Scin...nunc, BR. scio...familiarum — 1082
amphitrionem *BDE* amphytrionem *J* — uiden *ille quem secutus est*

octon.

AMPHITRVO

1083*Haec sola sa*n*am *m*eorum mentem gesta*t* familiarium.

BROMIA

Immo omnes sani sunt profecto.

AMPHITRVO

At me uxor insanum facit
Suis foedis factis.

ANCILLA

At ego faciam tu idem ut aliter praedices,
Amphitr*u*o: *nam tu tuam* piam et pudicam esse uxo-
rem ut scias,
De ea re signa atque argumenta paucis uerbis eloquar.

troch.

Omnium primum, Alcumena geminos peperit filios.

AMPHITRVO

Ain tu, geminos?

ANCILLA

Geminos.

AMPHITRVO

Di me seruant.

ANCILLA

Sine me dicere,
1090 Vt scias tibi tuaeque uxori deos esse omnis propitios.

Naudet — 1083 Hec *B* — saccam *B* sarcam *DEJ* — meorum mentem
gestat *cum allitteratione L. Havet*: mentem gestat mearum *B* mentem
gestat morum *D* gestat mea *EJ* — 1084 uxori *D* — insaniam *D* —
1085 suus *D*¹ — foedis factis: factam *D*¹ (*cf.* faciam) — 1086 Amphitrio *BDE* Amphytrio *J* — tu *add. Leo in app.* nam tu tuam *add. L. Havet* — esse *D*: tuam esse *BJ* esse tuam *E* — ut uxorem *Leo* — sciam
*D*¹ — 1090 oms *BD*

troch.

AMPHITRVO

Loquere.

ANCILLA

Postquam parturire hodie uxor occepit tua,
Vbi utero exorti dolores, ut solent puerperae
Inuocat deos inmortales ut sibi *ibi* auxilium ferant,
Manibus puris, capite operto, *cum* continuo contonat
1095 Sonitu maxumo. Aedes primo ruere rebamur tuas.
Aedis totae confulgebant tuae, quasi essent aureae.

AMPHITRVO

Quaeso, absoluito hinc me extemplo, quando satis de-
luseris.
Quid fit deinde?

ANCILLA

Dum haec aguntur, interea uxorem tuam.
Neque gementem neque plorantem nostrum quisquam
audiuimus:
1100 Ita profecto sine dolore peperit.

AMPHITRVO

Iam istuc gaudeo,
Vtut *me erga* merita est.

ANCILLA

Mitte istaec atque haec qu*ae* dicam accipe.
Postquam peperit, pueros lauere iussit nos. Occepimus.

1092 Vbi *E³F:* Ibi — 1093 ibi *add. L. Havet ex* 1094 — 1094 capite
o- m- puris *Abraham p.* 210 — cum *L. Havet:* ibi (*cf.* 1093) — 1097
Queso *B* — exemplo *D¹* — 1098 fit *D:* sit
1101 erga (ergo *D*) me — istec *B* — que *BD* — atque haec: et *Palmer* — 1102 *laudat Nonius p.* 504 *Merc. s. u.* lauerent — lauere *Nonius:* lauare (pau‿are *D¹,* = pauitare?) — iussit. Nos *interpung. Spen-*

Sed puer ille quem ego laui, ut magnust! et multum ualet,
Neque eum quisquam colligare quivit incunabulis.

AMPHITRVO

I105 Nimia mira memoras : si istaec uera sunt, diuinitus
      Non metuo quin *ante* uxori latae suppetiae sient.

ANCILLA

Magis iam faxo mira dices. Postquam in cunas conditu*s*t,
Deuolant angues iubati deorsum in inpluuium duo
Maximi ; continuo capita extollunt ambo *una*.

AMPHITRVO

                                        Ei mihi.

BROMIA

1110 Ne paue. Sed angues oculis omnis circumuisere.
      Post, qua*si* pueros conspicati, pergunt ad cunas citi :
      Ego cunas recess*im* rursum uorsum trahere et ducere
      Metuens pueris, mihi formidans, tantoque angues acrius
1114 Persequi. Postquam conspexit angues ille alter puer,
1116 Citus e cunis exilit, facit recta in anguis inpetum :
1115 Alterum altera prehendit eos manu perniciter.

AMPHITRVO

1117 Mira memoras : nimis formidolosum facinus praedicas :

---

gel — nos : ut hos *Nonius* — accedimus *Nonius* — 1103 magnus est
— *sic interpung.* L. *Havet* — 1104 in cubulis D^1 — 1105 istaec*ₓ* D
— 1106 ante uxori L. *Havet:* meae uxori *libri* Alcumenae *Palmer in
app. ; requiritur* ante *uel simile quid ; diuinam enim opem id demon-
strat, quod puerum tam magnum mater sine dolore pepererat* — latat
D^1 laete D^2 — 1107 conditus est — 1108 *laudat Nonius p.* 191 *Merc. s.
u.* angues — angues iubati *laudat pseudo-Seruius Aen.* II 206 *s. u.* iu-
bae — deuolans D^1 — iubati D^2 *Seruius:* iuuati BD^1E iubatae (*et* duae)
Nonius — compluuium *Nonius* — 1109 extollunt ambo capita — capita
transp. et una *add.* L. *Havet fauente allitteratione*
     1111 quasi*L. Havet:* quam — 1112 recessum *libri* recessu *A. Roersch*
— ducere : tuicere D^1 — 1115 Alteram D^1 — praehendit *BD* — perniciter *habet glossarium Plaut., Ritschl op.* II *p.* 236, 273 — 1117 predicas

troch.

Nam mihi horror menbra misero percipit dictis tuis.
Quid fit deinde? Porro loquere.

ANCILLA

Puer ambo angues enicat.
Dum hæc aguntur, uoce clara exclamat uxorem tuam

AMPHITRVO

Quis homo?

ANCILLA

Summus imperator diuum atque hominum Iuppiter:
Is se dixit cum Alcumena clam consuetum cubitibus
Eumque filium suum esse, qui illos angues uicerit:
Alterum tuum esse dixit puerum.

AMPHITRVO

Pol me haud pænitet,
1125 Si licet boni dimidium mihi diuidere cum Ioue.
Abi domum, iube uasa pura actutum adornari mihi,
Vt Iouis supremi multis hostiis pacem expetam.
Ego Tiresiam coniectorem *ei re* aduocabo, et consulam
Qui faciundum censeat; simul hanc rem ut facta est
        eloquar.
1130 Sed quid hoc? quam ualide tonuit. Di, obsecro uestram
        fidem.

---

facinus *EJ* — 1118 menbra *BD¹J: sic per n Asin.* 786 (*BE*), *Cas.* 622
(*VJ*), *Men.* 855 (*BC*), *Rud.* 686 (*B*) — misera *D¹* — 1119 sit *BJ* —
1120 hec *B* — clamat *Schoell sed cf.* 1064
    1122 cubilibus (« *fortasse* » cumitibus *Leo in app.*) — 1123 anguos
D — anxerit *Palmer in app.* — 1124 esse tuum *EJ* — paenitet *J :* pe-
nitet — 1125 Scilicet *DEJ* — 1126 iuue *D¹E* — 1127 *laudat Nonius*
p. 388 *Merc. s. u.* supremum *et* p. 460 *s. u.* pacem — hostis *E¹*, *No-*
nius p. 388, *Nonii L¹ et Bamb.* p. 460 — petam *Nonius* p. 388 *probante*
L. Mueller — 1128 tiresiam *D¹J: teresiam cf.* 1145 — coniectatorem
Schoell — ei re *add. L. Havet ; ab ea re distinguitur* haec res 1129 —
1129 *del. Palmer* — Qui (= *qua hostia*) *J :* Quid

IVPPITER

sen.

Bono animo es : adsum auxilio, Amphitruo, tibi et tuis :
Nihil est quod timeas : hariolos, haruspices
Mitte omnes : quae futura et quae facta eloquar,
Multo adeo melius quam illi, quom sum Iuppiter.
1135 Primum omnium Alcumenae usuram corporis
Cepi et concubitu grauidam feci filio.
Tu grauidam item fecisti, cum in exercitum
Profectu's : uno partu duos peperit simul.
Eorum alter, nostro qui est susceptus semine,
1140 Suis factis te inmortali adficiet gloria.
Tu cum Alcumena uxore antiquam in gratiam
Redi : haud promeruit quam ob rem uitio uorteres :
Mea ui subactast facere. Ego in caelum migro.

AMPHITRVO

troch.

AMPHITRVO

Faciam ita ut iubes et te oro promissa ut serues tua.
Ibo ad uxorem intro : missum facio Tiresiam senem.

1146 Nunc, spectatores, Iouis summi causa clare plaudite.

PLAVTI AMPHITRIO EXPLICIT

1131 IVPPITER : *spat. D* — IVPP- DEVS. AMPH- DVX *Goetz et Schoell* 1893 — amphitrio *BD* amphytrio *EJ* — 1136 Cepi : Coepi *E* Copr *D¹* — 1137 item : ita *EJ* — 1138 duos: *u. Pseud. praef. p.* XIV — parto *B¹* — 1140 adfici₊₊ *B¹*
1143 uis *D* — 1144 AMPHTRIO *BE* AMPHYTRIO *J, om. D spatio relicto*, AMPH- DVX *Goetz et Schoell* 1893 — AMPH- *J*: *om.* — aciam *cum spatio DE* — 1145 fatio *BD¹* — tiresiam *D¹J* : teresiam *cf.* 1128 — 1146 *ante* Iouis *parua rasura B* — clara *BJ* cla₊re *D* dare *E*
PL- AMPH- (AMPHTRIO *E* AMPHYTRIO *J*) EXPL- *om. D*

DISQVISITIO DE CODICE QVODAM DEPERDITO

Disseremus hic de codice Plautinarum comoediarum, quem fuisse quondam demonstrant certae rationes, et ex cuius apographo[1] defluxit ille alter codex deperditus, qui fuit ultimus codicum *BDEJ* archetypus. Petenda sunt argumenta ex ipsa fabula cuius haec editio est.

In Amphitruone enim praebent codices monstra lectionis permira et inter se simillima *Adest ferit* pro *Adeste erit* 151, *Si obsequar funa* pro *Si obsequare una* 705, *Cum fatu* pro *Cum ea tu* 906. Ea menda quin orta sint ex similitudine litterarum E et F in scripturae forma maiuscula nemo dubitat; ego tamen nego oriri potuisse, si maiusculis litteris exaratus fuisset liber archetypus totus. Qui enim librarius iam 704 uersus cum aliqua cura descripsisset et archetypi callere genus scripturae incepisset, quo pacto incidisset in barbarismum *funa?* an nos, cum epistulam Gallice conscriptam legimus, propter litterarum *n* et *u* similitudinem lecturi sumus *reiue* pro *reine, rone* pro *roue?* Illene librarius, postquam descripserit uersus 905, uerba usitatissima *Cum ea tu* non agnouerit, confugerit ad uocem parum usitatam *fatu,* in quo praesertim uersu sensus longe alio duceret? Ne hoc credam quidem, post descriptos uersus continuos 150, quorum scriptura eadem esset, ignorantia aut socordia eo deduci posse ut pro ADESTFERIT legendum esse ADESTEERIT non agnosceret.

Itaque statuo fuisse quondam codicem scriptum litteris minusculis, quales aetate Carolina in usu fuerunt, sed in eo paucos uersus aliqua de causa alio genere scripturae esse exaratos. Errores igitur librarii Plautini eiusdem generis fuerunt ac mendum illud *eore* pro *fore* apud Sallustium in

---

1. Non ex ipso: u. infra p. 123 adnotata ad u. 755-756.

codice Vaticano 3864 saeculi IX (Chatelain, Paléographie des. classiques, pl. LIV). Legit enim *eore* pro *fore* librarius non, ut ait amicus p. 15, quia sub oculis erat archetypus aliquis litteris maiusculis scriptus totus, sed quia in hac quidem linea illa scriptura adhibita erat praeter solitum eiusdem codicis. morem. Nempe in oratione Bocchi primae erant uoces NVM-QVAM EGO RATVS SVM FORE...; in orationis principio maiusculis distincto errauit librarius, quia ibi praecipue errare humanum est ubi aliquid offendit insoliti.

In Plautino quidem textu alia causa quaerenda est cur uersus hic et ille rariore scriptura exaratus fuerit. Nam in Amphitruonis locis quos attuli non fabula incipit, non scaena, non commutatur metrum, neque in ipso sensu quidquam inest quod uersus 151, 705, 906 a proximis distinguat. Nulla igitur causa excogitari potest, nisi quod unusquisque eorum lineam paginae primam compleuerit. Sic Phaedri, ut alibi ostendam, exstiterunt olim codices in quibus initia quaternionum et singulorum foliorum litteris maiusculis rubris distincti essent; unde manserunt maiusculae rubrae in codice Rosanboniano (III 10,39; IV 9,1; IV 5,29).

Tres igitur fuerunt archetypi paginae, quae inciperent a uersibus 151, 705, 906. At a 705 ad 905 sunt uersus 201, tituli scaenarum 2, uersus addendus unus (838^a et 838^b ponendi pro solo 838), in summam lineae 204. Ante 151, modo ordinem uersuum prauum correxeris, sunt uersus $10 + 9 + 147$ (non + 150), tituli 4, in summam lineae 170. Numeri autem linearum, illic 204, hic 170, etiam sic exprimi possunt: 34×6, 34×5. Ergo uidetur constitisse archetypus foliis continentibus lineas tricenas quaternas.

Nunc si lineas numeres inde a 906 usque ad magnam Amphitruonis lacunam, inuenias uersus 129, titulos 4, titulum restituendum 1 (ante 974), in summam lineas 134. Quibus si duas addideris siue propter uersus corrupti 969 condicionem siue aliam ob causam, habebis in summam lineas 136, uel 34×4. Unde perspicuum fit lacunam ortam esse deperditis foliis ipsius illius archetypi, cuius folia continebant lineas tricenas quaternas.

A 151 autem ad 705 quamquam certus linearum numerus propter canticorum turbas computari nequit, tamen facili negotio inuenies id per quod explere possis folia talia 17. Summa igitur foliorum ante lacunam fuit $5 + 17 + 6 + 4 = 32$, et patet lacunam incepisse eodem loco quo folium 33 et quaternionem quintum.

Ex 17 foliis, quae fuerunt a u. 151 ad 705, si quintum consideraueris, uidebis in prima eius linea scriptum esse u. 285 barbarismum *furgifer* pro *furcifer,* qui ut cetera menda ex forma litterarum maiuscularum est repetendus. Incipiebat folium post lacunam secundum a uersu 1067, ubi legitur *confulgebant* pro CONFVLSERANT. Folium post lacunam nonum decimum incipere debuit a uersu *Asin.* 514, in cuius initio nouum monstrum reperitur *Egoua* pro ECQVA (u. infra p. 126 adn. 2). Folium post lacunam tricesimum quintum incipiebat ab *Aulul.* 46, ubi *Illuc regrede* pro ILLVC RECEDE. Vix potuit, ut mihi uisum est, cum folio incipere lacuna quae Aululariae exitum et Bacchidum initium hausit; ceterum putabat Ritschl obuiam fuisse eam lacunam iam in exemplari quo utebatur Priscianus.

Litteris maiusculis incepisse credas non modo ipsa folia, sed etiam foliorum paginas auersas. Nam f° 11 u° legitur *terrarim* pro TERRARVM (336), f° post lacunam 20 u° *ni* pro NE (*Asin.* 567), et quod maiorem uim habet f° 27 u° *forum* pro EORVM (*Asin.* 769). Nihil tamen equidem ausim affirmare.

Quaternionum paginae primae fortasse scriptae fuerunt maiusculis totae. Hinc repeti potest *habere* pro KAPERE u. 267, quae fuit linea ultima folii 9 recti; *cessissem* pro GESSISSEM u. 524, quae fuit linea quarta folii 17; *eam* (an *ea* prius?) *solue* pro EXSOLVE u. 783, quae fuit linea undecima folii 25. Haec sane uidentur esse ualde incerta. Si tamen uera sunt, sequitur folium post lacunam 21 fuisse quaternionis primum, in quo corrigitur *Asin.* 554 *eorum* pro FORVM, *Asin.* 555 *fugae* pro EVGAE; itidem folium post lacunam 29, in quo scriptum inuenimus *Asin.* 831 *Pletas* pro PIETAS[1]. Vnde concludas deperdita esse cum quaternione quinto quattuor prima sexti folia, et deesse in Amphitruone non 272 tantummodo lineas, uerum 408. Sed exspectandum est, donec nouis exemplis coniectationes aut confirmentur aut refutentur.

Ad computationes quas instituimus nihil faciunt ea menda

1. De hac uoce cf. infra p. 128 ad. n. 1.

a maiusculis orta, quae iam antiquissimis temporibus fieri potuerunt, ut *me ducam* pro MED AGAM (si recte correximus) 1042; *aedibus* (AEDIB.), pro AEDIS, 1048 et 1052; *pretio* pro PRELLO (ut restituendum uidetur), *Asin.* 61; *Diabolus clauci filius cleaeratae,* pro GLAVCI, *Asin.* 751 (hic corrumpitur nomen proprium quod nusquam redit, atque pro *gl* scribitur *cl* ante syllabam *ci* et nomen alterum incipiens a *cl*)[1]. Neque magis respicienda sunt alia menda, quorum sedes in ipsa prima uersus littera, ut *Iam (DEJ)* pro *Eam (B) Amph.* 478, *Eace (BEJ)* pro *Face (D) Asin.* 4, *Fares (E)* pro *Ea res Asin.* 844. — Per scripturam maiusculam equidem non explicem lectionem codici *D* peculiarem *obtruncapo* pro *obtruncabo* 1050. Repetendum hoc mendum ex pronuntiandi more Germanico, ut *maditus* pro *madidus* 1001, *ualles* pro *falles* 392 (ubi uide).

Restat ut indicemus quo modo singuli uersus et tituli inter folia distributi fuisse uideantur. Vix opus est admoneri legentes, inesse in tabula subiecta nonnulla incertiora, praesertim ubi discribuntur uersus canticorum aut adduntur ex coniectura siue uersus siue tituli; quae autem minus recte nos statuimus, ea confidimus correctum iri ab aliis et optamus.

---

1. Argumentandum non est ex mendo *etiam id* pro IT IAM (si recte restituimus) u. 779. Sane scriptus erat is uersus in linea folii 25 et quaternionis quarti prima; sed similiter reposuimus *it iam* pro *etiam id* u. 745, linea folii 24 septima.

QVATERNIO PRIMVS.

FOLIVM

folio recto	*folio uerso*
1 *titulus fabulae*	*arg. II* 5
titulus argumenti I	6
arg. I 1-3	7-9
4	*titulus prologi*
5-10	1-6
titulus argumenti II	7
arg. II 1-4	8-11
2 12-28	29-45
3 46-62	63-79
4 80-96	97-113
5 114-130	131-147
6 151 Adeste erit[1] operae...	163
152	164
148-150	165-167
titulus scaenae	168
153-159	169-175
160	176-177 (*linea* I)
repetitus 173	178-179 (*linea* I)
161-162	180-181
7 182-198	199-215
8 216-219	233-236
220	237
221-228	238-245
229	246-247 (*linea* I)
230-232	248-250

QVATERNIO SECVNDVS.

9 251-267	268-284
10 285 Ego...FVRCIFER[2]	302
286-301	303-318

1. Mss. *Adest ferit.*
2. Mss. *furgifer.*

FOLIVM

	folio recto	*folio uerso*
11	319	336 NON EDEPOL NVNC VBI TERRA-
	320-335	337-352 　　　[RVM[1] sim...
12	353-369	370-386
13	387-403	404-420
14	421-437	438-454
15	455-462	471-478
	titulus scaenae	479
	463-470	480-487
16	488-498	504-514
	titulus scaenae	515
	499-503	516-520

QVATERNIO TERTIVS.

17	521-528	538-545
	529	*titulus scaenae restitutus*
	530-534	546-550
	535	*titulus scaenae*
	536-537	551-552
18	553-555	570-572
	556-557	573-α
	558-569	β[2]-ν
19	ξ[2]-π	599-601
	585-590	602-607
	591-592	*duo[3] uersus deperditi*
	593-598	608-613
20	614-615	631-632
	616	*titulus scaenae*
	617-618	633 (*lineae* II[4])
	619-620	634 (*lineae* II)
	621-622	635 (*lineae* II)
	623-624	636 (*lineae* II)
	625-626	637 (*lineae* II)
	627-628	638 (*lineae* II)
	629-630	639 (*lineae* II)

1. *Terrarim* B[1]D[1].
2. Ex hac computatione patet constitisse systema trochaicum non tetrametris, ut putaueramus, uerum dimetris.
3. Vnum tantummodo restitutum est in textu, cum nondum perfecta esset computatio linearum nostra.
4. Ex hac computatione constat uersus bacchiacos non fuisse hexametros nouem, uerum modo dimetros modo tetrametros octodecim,

FOLIVM

	folio recto	*folio uerso*
21	640 (*lineae* II)	654-655
	641 (*lineae* II)	656-657
	α-θ	658-665
	ι-μ	666-669
	titulus scaenae restituendus [1]	670
22	671-687	688-704
23	705 SI OBSEQVARE VNA[2] resoluas...	722
	706-721	723-728
24	739-755 [3]	756 [3]-772

QVATERNIO QVARTVS.

25	773-789	790-806
26	807 [4]-820	824-837
	821	838 Satis...decet...
	822	838 ...uerbis proba's
	823	839
27	840-843	857-860
	844	*titulus scaenae*
	845-856	861-872
28	873-881	889-897
	titulus scaenae	898
	882-888	899-905
29	906 CVM EA TV[5] sermonem...	923
	907-922	924-939

1. Hic titulus in editione non restitutus est; sed recedit Amphitruo ab scaena u. 629 (ubi uide p. 59); titulus ante u. 632 positus interpolationem olet propter formam insolitam ALCVMENA ET EIDEM (pro ALCVMENA); ergo ante u. 654 reponendum erat ALCVMENA. AMPHITRVO. SOSIA. — Sic in ultima linea folii recti titulus scaenae post *Asin.* 126 (infra p. 125).

2. Mss. *Si obsequar funa*.

3. Habebat codex ille uetus, ut uidetur, duobus lineis integros uersus 755-756. Qui in apographi cuiusdam apographo in unum uersum contracti sunt, testibus *B¹DEJ*; uerum textum restituit *B²*. Apographi dico in apographo; nam in codice ipso illo uetere cum uersus prior folium rectum finierit, alter uersus fuerit linea prima folii uersi, nullo modo poterat oculus librarii ab ALC. *ego* ad ALC. *eo* aberrare.

4. Notandum u. 807 *aiebas* corruptum satis miro modo in *aiabas*, *alebas*.

5. Mss. *Cum fatu*.

FOLIVM

	folio recto	*folio uerso*
30	940	956
	941-952	957-968
	953-955	969 (*lineae* III[1])
	titulus scaenae [1]	970
31	971-973	986-988
	titulus scaenae restitutus	989
	974-983	990-999
	titulus scaenae	1000
	984-985	1001-1002
32	1003-1004	1019-1020
	1005	*titulus scaenae*
	1006-1008	1021-1023
	titulus scaenae	1024
	1009-1018	1025-1034

QVATERNIO QVINTVS DEPERDITVS.

Lineae quaternionis deperditi numero erant 272; ex numero locorum a Nonio laudatorum uisum erat Hoffmanno deesse uersus fere 280. Sed uide Supra, p. 119.

?QVATERNIO SEXTVS.

[FOLIVM *post lacunam*]

	folio recto	*folio uerso*
[1]	1035-1036	1051-1052
	1037	*titulus scaenae*
	1038-1039	1053-1054
	titulus scaenae restitutus	1055
	1040-1050	1056-1066
[2]	1067 Vt iacui... CONFVLSERANT[2]	1085
	1068-1070	1086-1088
	1071-1073 (*lineae* II)	1089-1090
	1074-1084	1091-1101

1. Pro corrupto uersu 969 reponendi erant in textu non uersus duo, ut a nobis factum est, uerum uersus tres. — Nihil obstat quominus post 955 steterit titulus scaenae in ultima folii recti linea: u. p. 123 adn. 1.

2. Mss. *confulgebant.*

[FOLIVM *post*
  lacunam]

folio recto	*folio uerso*
[3] 1102-1113	1119-1130
1114	*titulus scaenae*
1115-1118	1131-1134
[4] 1135·1146	*Asin.* 4-15
explicit, Asin. incipit	*Asin. titulus argum.*
Asin. titulus prologi	*Asin. arg.* 1
Asin. 1-3	*Asin. arg.* 2-4
[5] *Asin. arg.* 5-8	*Asin.* 28-31
titulus scaenae	32
Asin. 16	32 *b*
17-23	33-39
24-27	41-44
[6] *Asin.* 45-50	*Asin.* 62-67
52-55	68-71
40	72
56-61	73-78
[7] *Asin.* 79-83	*Asin.* 94-98
51	99
iteratus 52	100
84-93	101-110
[8] *Asin.* 111-126	*Asin.* 127-142
titulus scaenae	143
[9] *Asin.* 144-152	*Asin.* 160-168
titulus scaenae	169
153-159	170-176
[10] *Asin.* 177-193	*Asin.* 194-210
[11] *Asin.* 211-216	*Asin.* 229-234
217-218	235
219-228	236-245
[12] *Asin.* 246-248	*Asin.* 262-264
titulus scaenae	265
249	266
250	*titulus scaenae*
251-261	267-277
[13] *Asin.* 278-294	*Asin.* 295-311
[14] *Asin.* 312-328	*Asin.* 329-345
[15] *Asin.* 346-362	*Asin.* 363-379

[FOLIVM *post*
lacunam]

	folio recto	*folio uerso*
[16]	*Asin.* 380	*Asin.* 396
	titulus scaenae	397
	381-389	398-406
	390	*titulus scaenae*
	391-395	407-411
[17]	*Asin.* 412-428	*Asin.* 429-445
[18]	*Asin.* 446-462	*Asin.* 463-479
[19]	*Asin.* 480-483	*Asin.* 498-501
	485 [1]	502
	486	503
	487	*titulus scaenae*
	488-490	504-506
	491	507
	492	509
	493	508
	494	510
	495-497	511 [2]-513
[20]	*Asin.* 514 EcqVA [3] pars...	*Asin.* 531
	515-520	532-538 (*lineae* VI)
	521-526	539-544
	527	*titulus scaenae*
	528-530	545-547
[21]	*Asin.* 549 [4]	*Asin.* 567 VERVM EDEPOL NE [5]
	550-552	568-570 [etiam...
	554 [4]-566	571-583
[22]	*Asin.* 584-590	*Asin.* 600-606
	titulus scaenae	607
	591-599	608-616
[23]	*Asin.* 617-633	*Asin.* 634-650
[24]	*Asin.* 651-667	*Asin.* 668-684
[25]	*Asin.* 685-701	*Asin.* 702-718

1. Nullus est uersus 484.
2. Inter 510 et 511 nunc intercedunt 517-518: quos recte loco motos esse computatio nostra confirmat.
3. Mss. *Egoua.*
4. Nullus est uersus 548, nullus 553.
5. Mss. *ni.*

[FOLIVM *post lacunam*]

folio recto	*folio uerso*
[26] *Asin.* 719-721	*Asin.* 736-738
722-727	740-745
728	*titulus scaenae*
729-735	746-752
[27] *Asin.* 753	*Asin.* 769 AD EORVM[1] ne...
754-760	770-776
739	777
761-768	778-785
[28] *Asin.* 786-792	*Asin.* 803-809
793	*titulus scaenae*
794-802	810-818
[29] *Asin.* 819-823	*Asin.* 835-839
824	840-841 (*linea* I)
825-827	842·844
titulus scaenae	845
828-830	846-848
831	849-850 (*linea* 1)
832	*titulus scaenae*
833-834	851-852
[30] *Asin.* 853-869	*Asin.* 870-886
[31] *Asin.* 887-903	*Asin.* 904-920
[32] *Asin.* 921-924	*Asin.* 938-941
925	*titulus scaenae*
926-931	942-947
932	*explicit Asin., incipit Aulul.*
933	*Aulul. argumenti I tit.*
934-937	*Aulul. arg. I* 1-4
[33] *Aulul. arg. I* 5-8	*Aulul. arg. II* 6-9
arg. I 9	*Aulul. tit. ˜prologi*
arg. I 10-15	*Aulul.* 1-6
argumenti II tit.	7
arg. II 1-5	8-12
[34] *Aulul.* 13-22	*Aulul.* 30-39
23	*titulus scaenae*
24-29	40-45
[35] *Aulul.* 46 ILLVC RECEDE[2] ab...	*Aulul...*

1. Mss. *Ad forum.*
2. Mss. *regrede;* prius igitur *regede.*

Longius fortasse in Plautina fabularum serie procedere olim licebit. An casu factum est ut in *Rudente arg.* 2 habeat *B crefunda* pro CREPVNDIA, tricesima quarta deinceps linea u. 29 *CD completate* pro CVM PIETATE[1], iterum post lineas XXXIV u. 63 omnes codices *uenit* pro VEHIT? Videant quibus tantum otii est; nobis hic est sistendum.

1. Supra p. 119 diximus de *Pletas* pro PIETAS *Asin.* 831. Nusquam redit idem uitium apud Plautum, quamquam uocis *pietas* alia sunt exempla numero XXI.

Chartres. — Imprimerie DURAND, rue Fulbert.